世界に誇る日本の科学警察

「鑑識の神様」9人の事件ファイル

元・科学警察研究所法医第一研究室長
須藤武雄＝監修

二見書房

はじめに

いつの時代でも凶悪犯罪というのは存在したであろうが、いまほど多発している時代はないだろう。

また以前は、金銭問題、男女関係のもつれなど、犯行動機がはっきりとしたものが多かったが、最近では「無性に腹が立ったから」「殺すのはだれでもよかった」など、犯罪動機があやふやな、いわゆる通り魔的な傷害・殺人が増加している。

また、現実と非現実の境目をなくしてしまったような異常な形態の犯罪が増加しているのも、その特徴である。

社会が変化していく限り、犯罪の形態もまた変化していく。ということは、捜査の形態も変化していくのは当然だし、また逆に変化進歩していかなければならない。

私が、科学警察研究所に入ったころ、私の専門である毛髪に関しては、何の情報もデータも知識の集積もなかった。すべて一から始めるしかなく、あらゆるところから毛髪や陰毛を採取し、研究を積み重ねていった。毛髪はまだしも、陰毛の採取となると困難をきわめ、それこそ公衆浴場や産婦人科などからも陰毛採取をしたものだ。仕事とはいえ、本当にたいへんな作業であった。

こうしたことは、ほかの研究ジャンルに関しても同様だったと思う。現場の研究者、捜査官が日夜血まなこになって研究を積み重ねていったのである。

特に、終戦を境に刑事警察制度が大きく変わり、「証拠第一主義」が主流となっていったことで、物的証拠をはっきりとつかむ必要性が出てきた。それゆえ、はっきりと科学的な証拠を提出できる「科学捜査」というものの重要性が、必然的に増してきたのである。

科学捜査というとなにかしら、先進的でスマートなイメージがあるのではないだろうか。テレビドラマなどでも、ある種「カッコイイ」描き方をされることが多い。それはそれで本当の部分もあるかと思われるが、捜査はどこまでいっても人間の仕事である。

それには一歩一歩地を這うような地道な作業が必要だし、最終的には積み重ねられた経験と、それによって磨かれた人間の勘が決め手になるのである。

事件現場を見るとき、また持ちこまれた資料や情報を分析するとき、犯人の犯罪心理や現場のようすを想像する力がなければ、的確な分析・判断はできない。そういう意味でいえば、科学捜査といっても、それは「人間を見る目」がなければ、本当の力を発揮することはできないといってよいだろう。

本書では、さまざまな科学捜査の現場と実際に扱った事件を、それぞれの専門分野における第一人者の証言をもとに構成している。そこにはなかなか表には出てこない捜査官、研究員の苦労が折りこまれている。

ひとつの事件を解決するには、想像を絶する量の陰の仕事がある。そしてそれが日の目を見るという保証は何もなく、むしろ徒労に終わることのほうが多いのだ。それでも石を一個一個積み上げていくような地道な作業に徹することができるのは、「悪は絶対に許さない」「社会の安全を何としてでも守ってみせる」という、捜査官の使命感があればこそなのである。

そうした陰の苦労を、本書によってわずかでもくみとっていただくことができれば幸いである。

二〇〇六年（改装新版にあたって）

須藤　武雄

目次

第5章 筆跡――文字に隠された「心の顔」――

第9章　声紋――無限に広がる驚くべき可能性――

第1章

体　毛

陰毛は、レイプ現場の常連さん

須藤武雄

元科学警察研究所法医第一研究室長
日本毛髪医科学研究所特別研究員

事件現場に残された髪や陰毛が犯人を暴く

公衆浴場や産婦人科から陰毛収集

私と毛髪とのかかわりは、一九四八年に現在の科学警察研究所の前身である、科学捜査研究所が発足し、それまで勤務していた内務省からここに配属になったときから始まった。以来、一九七八年に退職するまで、実に三十年にわたり毛髪と格闘してきた。このあいだに取り扱った毛髪の検査、鑑定は三〇〇〇件を超していると思う。

終戦を境に刑事警察制度が大きく変わり、「証拠第一主義」が本流となっていった。それまでは「自白をもってこれを論ずる」という刑事訴訟法の姿勢から「証拠をもってこれを論ずる」という方向に変わったのである。この法改正があったことで捜査の方法にも大きな変化が生まれてきたのだ。ともかく証拠がなくてはならない。

そういう流れのなかで、科学捜査の重要性が高まってくるのである。それまでの科学捜査といえば指紋や血液を問題にするくらいで、毛髪などがクローズアップされることはなかった。だから、私が毛髪にかかわりはじめたときは、研究資料やデータと呼べるものはほとんどなく、まったくゼロからすべてを始めなければならなかったのだ。

まず、毛髪そのものの収集、分析から始めなければならない。私の場合、性犯罪に関する毛の鑑定が主な仕事であったので、あらゆるところから毛髪を集めた。公衆浴場の下水口に金網を張り、陰毛を集めたこともある。またあるときは、産婦人科や観察医務員の先生たちに事情を話して、女性の陰毛を集めたこともあった。それはそれは恥ずかしい思いもしたし、たいへんな作業であった。

そうした収集、分析、研究を重ねていったことで、毛髪に捜査能力や証拠能力を持たせることが可能となっていったのである。

一本の毛から生活環境や生活習慣も見えてくる

毛髪の鑑識が犯罪現場で力を発揮する理由は、多くの犯罪現場に遺留されているからである。指紋や血液は、たしかに素晴らしい識別能力を秘めているが、特に計画的な犯行の場合、犯人が残さないようにすることが可能なのだ。

しかし、毛髪というのはどうしても落ちてしまう。もみ合ったりすればなおのことだ。何もしなくても数本は確実に現場に残っている。私の専門である性犯罪の場合であれば、かならず陰毛が落ちていることになる。

また、体毛の個人識別能力もいまは相当高くなっている。毛といえば、どれもこれもおなじように見えるが、そうではない。ひとりひとり違った毛を持っている。それを調査し鑑定するのが私の仕事なのだ。

さて、毛というのはどのような構造になっているか、まずそのことを知ってもらおうと思う。肉眼的に見ると一本の繊維のように見えるが、顕微鏡で拡大してみると、そう簡単な構造ではない。

大きく分けると、三つの層から成り立っている。まず、表面は小皮と呼ばれるウロコに覆われている。これは決して平らではなく、横波状をした紋理でできている。これがいわゆるキューティクル（小皮紋理）と呼ばれるものだ。シャンプーの宣伝などでお馴染みだろう。カツラの毛などは、このキューティクルがほとんどない。

さて、この小皮の内側には繊維細胞がぎっしりと詰まっている。形状は煙草のフィルターの繊維に似ている。この繊維が、引っ張ってもなかなか切れない髪の強度を生み出しているのだ。中心部分は髄質で、スポンジのようになっている。それには気泡があって空気を含んでいる。

だいたいこのような構造になっているが、それはあたかも海苔《のり》巻のようだ。表面が海苔、なかがご飯、中心部分がかんぴょうやきゅうり、というぐあいだ。

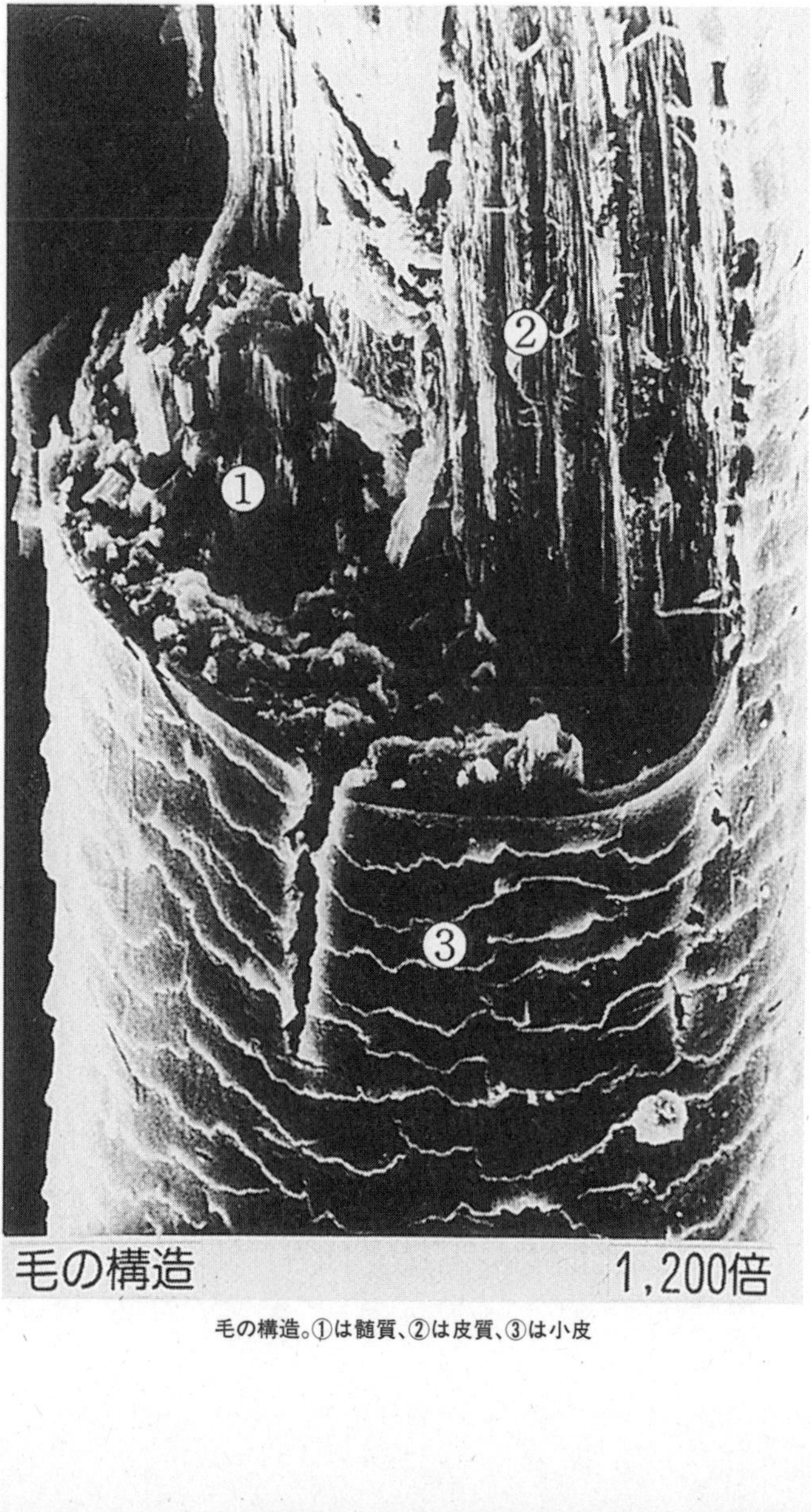

毛の構造。①は髄質、②は皮質、③は小皮

さて、こうした構造を細かく分析していくと、人それぞれの違いが見えてくる。太さ、柔らかさ、色、小皮紋理の状態、髄質の状態、直毛か縮れ毛か、毛根の特徴、毛先の特徴、……と、さまざまな視点からの分析が可能になる。こうした項目をひとつひとつ割り出していくと、それこそ千差万別の違いが見えてくるのだ。

また、一本の毛から、つぎのようなことも見えてくる。髪の毛なのか陰毛か、腋毛か眉毛かなどの発生部位、性別、年齢、散髪後の経過日数、パーマの有無、抜け毛なのか脱落毛なのか、血液型、体内に含まれている微量元素、DNAなどである。

こうしたさまざまなことが見えてくると、犯人の生活ぶりや、犯行現場の状況、あるいは犯人の肉体的な特徴などが見えてきて、捜査の大きな力となるのである。

五センチの毛で血液型がわかる

ここで、毛髪から血液型もわかると書いたが、これは昔からわかったことではない。科学の進歩のなかで明らかになっていったことである。

以前は、血液型は血液からしか判断できないのが当たり前だったが、いまでは汗、尿、精液、膣液、涙からもわかるようになった。さらに、爪、毛髪、歯、骨髄からの判定も可能になっている。

また、血液型というと、A型、B型、O型、AB型という分類方法が有名だが、その後、多くの学者の研究によって、MN式、Q式、E式、Rh式などつぎつぎと新しい血液分類方法が発見された。現在では、こうした分類方法で細かく分類すれば、数十億の種類が出てくるまでになった。そうすると、もはや血液だけでほとんど個人の特定が可能になる。毛の場合、約五センチもあれば、血液型の判定が可能なのである。

さて、こうした毛をどのように使っていくか。科学警察研究所の仕事は大きく分けるとふたつある。

ひとつは、犯行現場に落ちていた毛と容疑者の毛を比較対照して、その容疑者が犯人かどうかを鑑定する仕事。同時に、これは裁判においても判定材料となる。

もうひとつは、捜査を進めるために使われる場合。たとえば、犯行現場などに犯人のものと思われる体毛が残されていた場合、その毛を鑑定することによって、前述したようなさまざまなことが見えてくる。それを捜査に役立てるのである。

指紋や痕跡がない、遺留品もない、という場合などは捜査が非常に難航する。特に、不特定多数を相手にしている商売の人が被害者になったときは、加害者との関係が見えにくいし、目撃者も少ないことから、犯人の絞りこみが困難になる。タクシードライバーや売春婦などがそうである。

こうしたときに、力となるのが体毛なのである。性別、血液型、年齢が判別でき、あるいは特殊な生活ぶりまで推測することも可能になる。そうしたなかで、犯人像がしだいに絞りこまれて、一歩一歩犯人に近づくことができるのである。

事例① 連続婦女暴行殺人の「大久保清事件」

車を使って手当たりしだいに女性をナンパ

私が手がけた事件のなかで、強烈な印象を残したものに、「大久保清事件」がある。読者の皆さんも陰惨極まりない事件のひとつとして、知っていらっしゃる方も多いと思う。

一九七一年の三月から五月の短期間に、八人もの女性を暴行し殺害した事件である。

大久保清は群馬県T市の生まれ。四人兄弟の末っ子として育ち、中学校を卒業後、電気工事店の住みこみ店員として働いていた。少年時代から問題行動が多く、未成年ということで刑罰自体は免れているものの、婦女暴行罪で二回ほど警察のやっかいになっている。

しかし、成年になるとふたたび若い主婦を強姦して懲役三年、その後も刑務所を出たり入ったりの生活をしていた。

そして、一九七一年の三月初旬に仮出所してからすぐに（三月三十一日）初めての殺害をし、その後、短期間のうちに連続して、合計八人の女性を強姦殺害したのである。

この短期間のうちに八人もの強姦殺害をなしえたその背景には、車という動く密室をうまく利用していたことが挙げられる。スポーツタイプの白塗りのクーペを一日平均二三〇キロも乗りまわし、手当たりしだいに女性に声をかけ、犯行におよんだのだ。歯の浮くようなキザな、しかも巧みなセリフで女性に近づいていく。

「私は画家です。あなたはとても美しいので、ぜひ絵のモデルになってくれませんか」

薄い頭を隠すために、いつも着用していたベレー帽もそれらしく見えたのだろうか。わかっているだけでも一〇〇人近くの女性とデートをしている。

仲良くなったあとは決まってセックスを強要。断られると、無理やり強姦。そして事件の発覚を恐れて殺害。

大久保の車のなかから二〇〇本の体毛を収集

そのころ、群馬県内では、理由のわからない若い女性の失踪事件が多発していた。

大久保が殺害した死体を山間などに埋めながら、犯行を繰り返していたためだが、事件が明るみに出たのは、被害者Tさんの兄の勇気ある行動からだった。

「きのう、私の妹が『絵のモデルを頼まれたんだけど断ってくる』といって自転車で出ていったきり帰ってこない」

という届け出を五月十日に警察署に提出した。さらに、自ら友人などに頼んで私設捜査隊をつくり、行方を探しはじめたのだ。

そして、同月十三日に、妹から聞いていた大久保の車の特徴と似通った車を発見し、その場で大久保を捕まえて、警察署に引き渡したのである。

F署は、大久保をTさん誘拐容疑で逮捕し、追及を始めた。大久保はTさんを車に乗せたことは認めたが、「逃げられた」といって、容疑を強く否認。その時点ではTさんの死体が発見されていたわけでもなかったので、証拠物件となるものがなかなか出てこないまま、捜査は難航した。

しかし、捜査課が、それまでに提出されている家出人届け元をあたっていくと、大久保が出所した時期と符合するころに、つぎつぎと若い女性が家出をしており、しかも家出の理由がはっきりしないという共通点があった。そしてさらに捜査が進むと、Tさん以外の失踪した四人の女性が大久保とつながりがあったことが見えてきたのである。

そして、大久保が逮捕されてから一週間後の五月二十一日、家出人として捜査中の女子高校生M子さんが遺体で発見されたのだ。榛名湖畔の山林に埋められていたのを、公園管

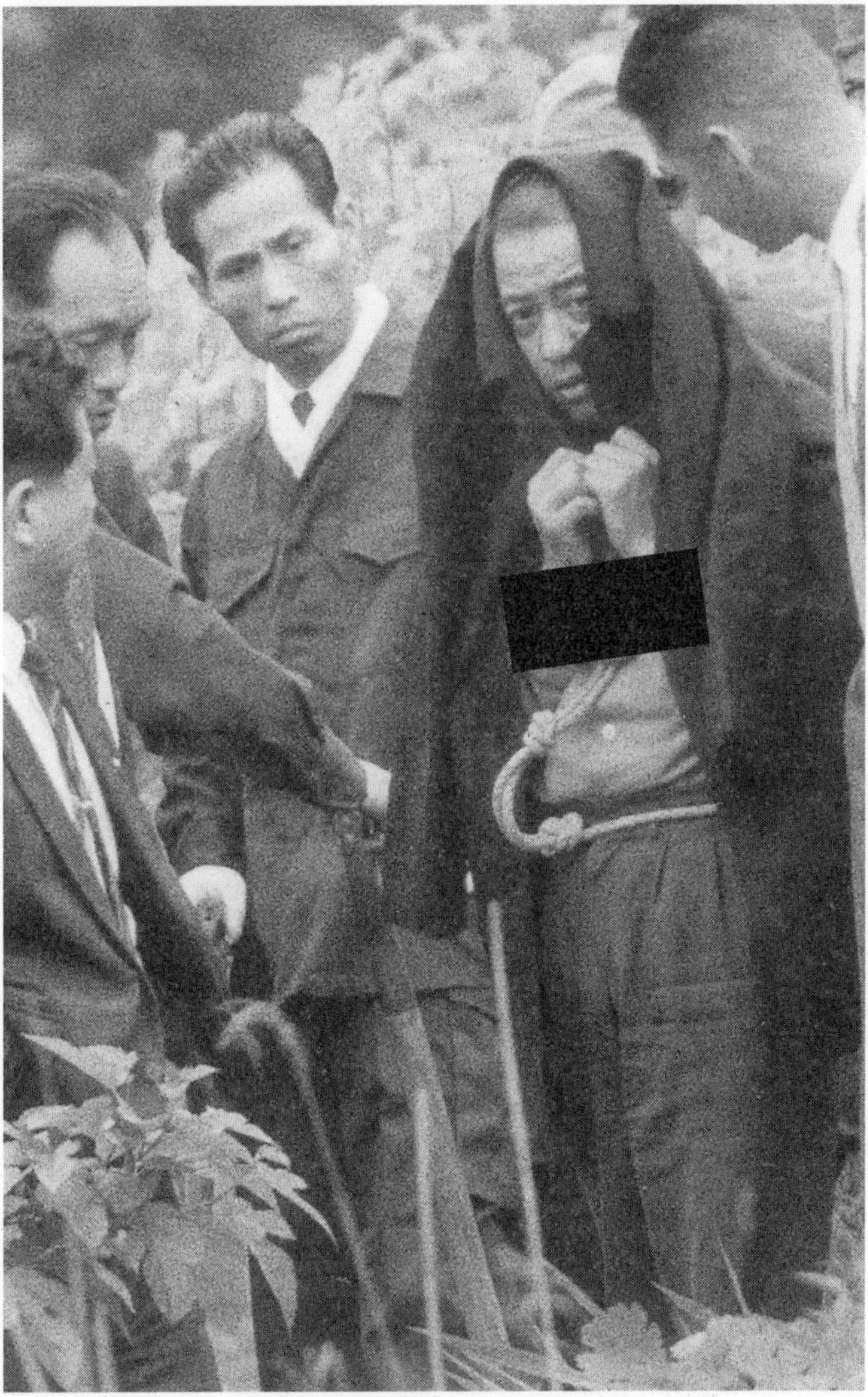

死体の埋葬場所を供述する大久保清

理人が見つけた。このことをきっかけとして、行方不明の女性七人についても公開捜査が開始された。

公開捜査が始まると、即座に私のところに鑑識の要請がきた。大久保の車のなかから見つかった体毛を鑑識してくれというのである。大久保が犯行に使った道具のひとつは車であったから、そこには事件解決の糸口になる物的証拠、つまり体毛がたくさんあるはずだった。しかし、研究室に持ちこまれた体毛は数十本である。経験的にいうならば、こんなに少ないはずがない。車のなかは毛の宝庫なのだ。

釈然としない私は、さらに綿密な検査を依頼し、自らも体毛の収集にあたった。虫眼鏡で調べ、座席下の部分に関しては電気掃除機を使用して採集した。結局、二〇〇本近い体毛を集めることができた。

ただ、それだけでは誰の体毛なのか判別できない。今度は、家出人たちの体毛を集めなければならなかった。

係官が公開捜査中の女性の家に一軒一軒出向いていく。本人が使用していたブラシや下着、あるいは部屋のなかから体毛の収集を行なった。その数、二〇〇本。これを車から採取した体毛と比較する。車のなかから採取した体毛には、行方不明になっている女性以外に、さまざまな人たちの体毛も当然含まれているだろうから、それらを照合するのはなかなかたいへんである。県警から二名の応援を得て、懸命の検査を進めていった。

殺害を決定づけた一本の黄菌毛

体毛というのは皆いっしょのように思われるが、そうではない。詳しいことは前述したので省略するが、色調、髄質、太さ、形状など細かな項目を厳密に見ていくと、それこそ千差万別といっていい。

丹念な検査の結果、少しずつ被害者と思われる体毛の識別が進んでいった。

たとえば、こういうことがあった。車のなかから見つかった陰毛のなかに「黄菌毛」といわれる毛があったのだ。顕微鏡をのぞくと、小皮がささくれだって竹の花が咲いたように見える。なんとも異常な形状だ。これは、一種の毛の病気で、放線菌（糸状菌と細菌の中間にある微生物）が毛に寄生して起こる病気である。腋毛に発生することが多いので腋毛菌とも呼ばれている。皮膚から分泌される皮脂を栄養分として繁殖し黄色くなる。

通常は腋毛に見られるが、まれに陰毛にも見られることがあり、これが車の遺留陰毛から発見されたのである。そして、検査対照のひとりであったIさんの下着からもこれとおなじ黄菌毛が見つかったのだ。陰毛における黄菌毛の発生率は、〇・二〜〇・五パーセントという低さ。しかも、その陰毛から割り出された血液型、色調、髄質、太さ、形状も酷

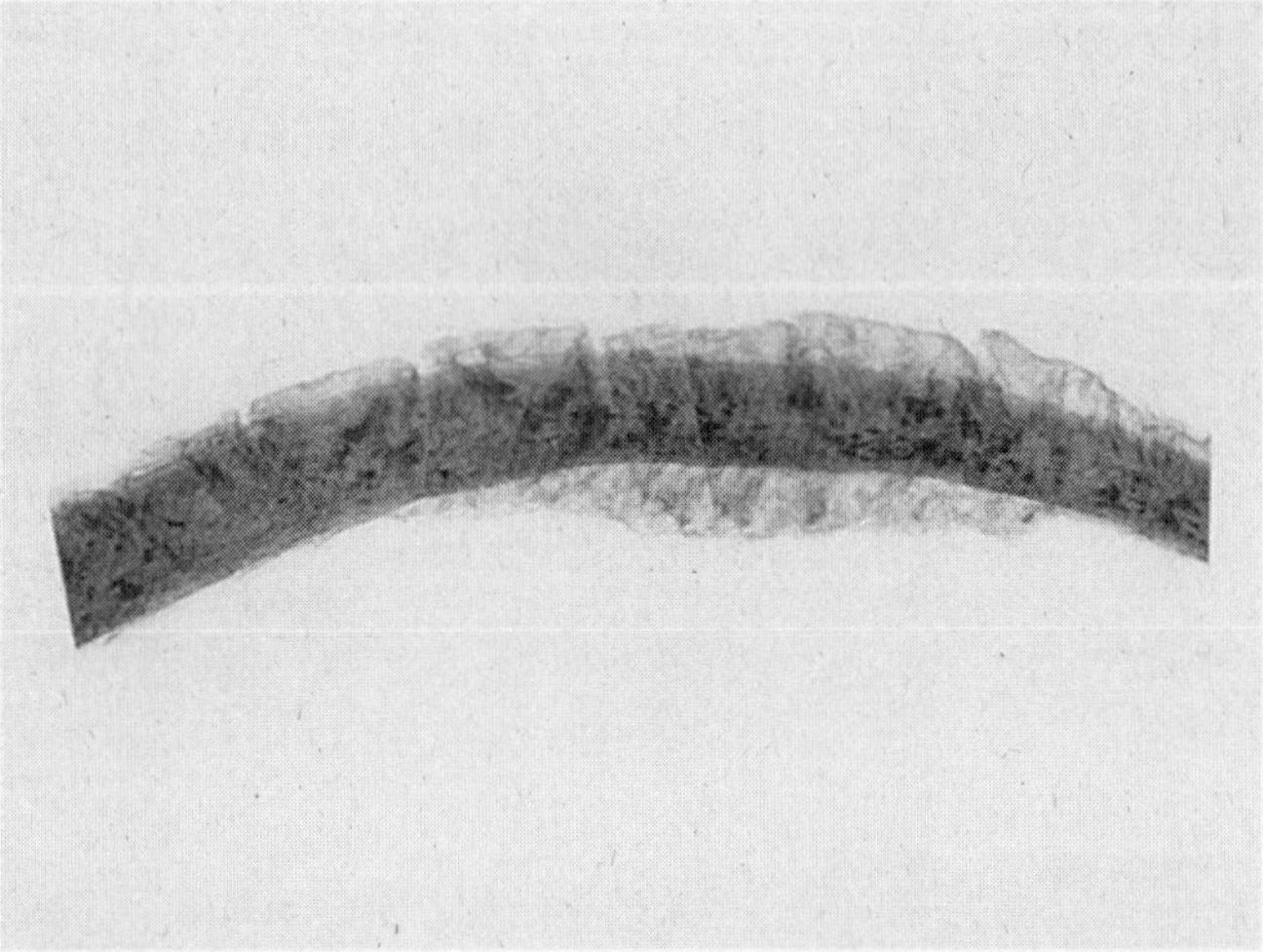
黄菌毛。まわりにからまるようについているものは、放線菌と呼ばれる微生物

似している。間違いはなかった。

当初、大久保はIさんに関して「Iさんなんて女はぜんぜん知らない」とノラリクラリとかわしていたが、陰毛という物的証拠を突きつけられて、観念したのか、しばらくして殺害事実と死体埋葬場所を自供することとなった。

その供述どおりに埋葬場所を掘り起こしてみると、Iさんと思われる女性の死体が見つかった。

ところが、その遺体からさらに陰毛を採取して調べてみると、問題の黄菌毛がないのである。これはいったいどうしたことか。私の鑑定は間違っていたのか。しかし、事実、供述どおりの場所から遺体が発見されたし、鑑定どおりの展開になっているではないか。

釈然としない気持ちのまま、もう一度、今度は顕微鏡で五〇〇倍に拡大してみると、わずかだが黄菌毛の痕跡が認められたのだ。つまり、生前はたしかに黄菌毛を保有していたのだけれども、暑い時期に八十日間も土のなかに埋められていたために、菌そのものが腐って消滅していたというわけである。

これで、Iさん殺害の有力な物的証拠が出たということになった。

キューティクルがない！

また、八人めの犠牲者であるTさんは、ロングヘアーでパーマをかけていた。大久保の車の後部トランクからも、このTさんの毛髪と思われる髪の毛が発見されたので、大久保の殺害は間違いないと思われた。しかし、さらに有力な証拠をつかむために捜査はつづけられたのだった。

トランクのなかから見つかった髪の毛をさらに調べてみると、毛根から一・五センチ～一・八センチのところに色差がある。つまり、それは毛染めをした毛であり、その日にちは四月一日前後だということが判明したのである。

捜査官が、Tさんが毛染めしたと思われる市内の美容室をあたってみると、三月三十一日にたしかにTさんは毛染めをしているという事実が明らかになった。これで、間違いなくトランクのなかの頭髪はTさんの頭髪ということになる。

さらにまた、こんなケースもあった。

車のなかからだけではなく、大久保の着衣からも多くの毛が採取されていたが、そのなかにキューティクルがほとんどない五センチほどの毛が一本発見されたのだ。

パーマをかけることでもキューティクルが損傷してしまうことはあるが、ほとんど消失してしまっているというのは珍しい。調べた結果、こうした頭髪はヘアピース、つまりカツラに使用している毛の一部だということがわかったのだ。

捜査本部に、そうした髪の毛の持ち主がいないかどうか調べてもらったが、そのような被害者はいないという。

腑に落ちないまま捜査は進んでいったが、七月二十五日に、公開捜査線上にはなかった犠牲者Yさんが発見されてみると、この女性がカツラを使用していたことが判明した。公開捜査線上になかったために、照合にもれていたのである。

こうした捜査を丹念に重ねていった結果、大久保清という前代未聞の強姦殺人魔の犯罪の全容が明らかになったのである。

八人もの女性を暴行し殺害したこの男は、一九七六年一月十二日に、東京拘置所で死刑を執行された。逮捕から四年八カ月後のことであった。

事例②　陰毛を食べる男

被害者の大便のなかから陰毛を発見

人間の趣味嗜好というのは千差万別だが、この事件ではつくづくそのことを痛感せざるをえなかった。

事件現場は東京・渋谷のラブホテル。男が絞殺死体で発見された。現場に到着した私は捜査の手順に従って、まずは現場検査を行ない、死体に近づいた。そのとき、死臭とは別の強烈な匂いが鼻を刺激した。絞殺されるとき、よく糞便や尿、あるいは精液を漏らすことがある。その被害者もまた糞便を漏らしたのだなと思い、ラブホテル特有の派手な布団を持ち上げると、やはり股間に糞塊があった。

ホテルの宿帳は偽名で、身元を確認するものは特にない。私は、ベッドに散らばっていた四本の陰毛と、糞塊を油紙に包んで研究室に持ち帰った。

糞からは、さまざまなものが見えてくることがある。糞便のなかにある食べ物の残りかすから、いつ、どんな物を食べたのか、立ち寄った飲食店などの足取りまで見えてくることがあるのだ。そうして調べた結果、被害者は女性連れで三日間もそのホテルに宿泊していたことがわかった。

また、糞便を調べているとき、ひとつ奇妙なことがあった。科学警察研究所の女性技師が、腹立たしそうにこんなことをいうのだ。

「なによ、これ。どうしてコート（糞便）のなかにこんな毛が混ざっているのよ。現場に落ちていた毛とコートをいっしょに集めてきたんじゃないの。鑑識課の人はいったい何してんのよ。もっと注意してくれないと困るわよ」

彼女は一日じゅう、糞便と格闘しながら、一本二本とシャーレのなかに毛を取りこみ、かなりの毛を採取した。毛髪もあれば陰毛もあった。これはいったいどういうことか、その時点では、どういうことか見当もつかなかった。

愛《いと》しいあまり陰毛を食った？

いっぽう、事件のことが新聞で報道されると、被害者の近親者が出てきて身元の確認ができた。身元がわかれば、あとは被害者の人間関係を徹底的に洗って絞りこんでいけばいい。

そうしたなか、被害者と関係の深かったN子が捜査線上に浮かび上がり、N子を張りこんでいた刑事が任意同行で捜査本部に連れてきた。

N子には手や胸にいくつもの擦過傷があった。絞殺現場のことを考えると、かなり怪しい。身体検査令状をもらい、私が調べることになった。刑事部屋の一室でN子と対面した。

「私は、身体検査令状をもらった検査官です。あなたのその体の傷についてお聞きしたいのですが、その前に、失礼ですが、あなたの髪の毛と陰毛を五本ずつ任意提出してもらえないでしょうか」

そのとき、それまで黙っていたN子がハッと顔をあげ、叫んだのである。

「そんなものないわよ！」

この言葉の意味するところを、私はとっさに理解することができなかった。啞然としている私を尻目に彼女は、せきを切ったように話し始めた。

「毛を出せといっても無理よ。ないものは出せないわ。あの人がいけないのよ。変態なの。私のあそこの毛を全部食べちゃったのよ。なめたりかじったりして食べちゃったのよ。異常だわ」

長年、さまざまな事件にかかわってきた私だが、こんなことは初めてである。

その事実を確かめるべく、私はN子にパンティーのゴムをひっぱってもらって、上からのぞいてみた。そうすると、陰毛はまるで伐採されたかのように無残な形でチョボチョボと残っているだけである。

私は、髪の毛とそのわずかに残っている陰毛をN子自身に引き抜いてもらって、研究室に持ち帰った。

その髪の毛、陰毛が、被害者の糞便のなかから出てきたものと同一だったのはいうまでもない。体毛というのは、消化液にもおかされずに原型を保ったまま出てくるほど頑丈なのだ。それゆえ、法医学では貴重な証拠物件となることが多い。

結局、被害者はN子を愛しているあまり陰毛まで食べたのである。

事例③ 夜這いの風習が残る村での強姦殺人事件

雑木林に女子高校生の死体

当然のことながら、すべての事件が解決するわけではない。未解決のまま時効を迎えることもある。これもそんな事件だったが、強烈な印象をもたらした事件だったので、紹介しておきたい。

敗戦から立ち直りはじめたころだったと思う。栃木県のK村で女子高校生が強姦殺人されるという事件が起きた。犯行現場は雑木林、遺留品らしきものは特になかったが、陰毛が一本発見されていた。

鑑定の結果、この陰毛は被害者のものではないということが判明したので、犯人のものだろうと思われた。一本しか発見されなかったのだが、それが、先に紹介した黄菌毛という珍しい毛だったので、当初は犯人の絞りこみは容易だろうと予想された。ところが結果として、これがなかなか進展しなかった。

この事件が私に強烈な印象を残したというのは、この村にいまだに夜這《よば》いの風習が残っていたということが関係する。性に関しては非常におおらかというか、その家の主人が村を離れた日などを狙って、ワルたちが夜這いを敢行するのだ。そのときに、女性のほうがどんな気持ちなのかはわからない。ただ、少なくとも強姦事件に発展するようなことは一度もこの村にはなかった。

昔はいたるところにこうした風習が残っていたのだろうが、いまだに残っている村というのは、きっとこの村だけだっただろう。

しかし、時代の流れは間違いなくその村にも押し寄せてきており、近隣からは侮蔑と嘲笑が投げかけられていた。否応なく、村の年配者からは、

「若い衆は夜這いをやめなさい」

という通達が出されることになった。

しかし、若い世代が従うはずがない。激しい反発を招いた。

「自分たちが若いときは好き放題しておいて、いまさら夜這いを禁止するなんて絶対に許せない。もしそうなったら村を出ていく」

結局、この話はうやむやになり、夜這いの風習は途絶えることなく存続し、村全体からも黙認されることになるのである。

そんなことがあった二、三年後に、その事件は発生したのだった。

まず村の各家庭から毛の採集が始まった。各家庭で使った水はすべて濠に集まることになっていたので、濠に流れこむドブさらいが徹底的に行なわれた。集められた毛は家別に袋につめられて研究所に送られてくる。毛の量は一軒の家だけでも一抱えもあり、それが何十個とある。しかも異様な臭気が漂っている。

それを天日に干して乾かして、そのなかから陰毛だけを一本ずつ選び出す。来る日も来る日も、おなじ作業を繰り返した。各家庭ごとの陰毛を種別し終えたら、つぎは、そのなかから問題の黄菌毛を探し出す作業に入る。

最初は、一本一本顕微鏡で見ていたが、とてもじゃないが終わらない。そこで、毛根をピンセットではさみ、毛先に向かって爪でスーッとなでることにした。普通の毛はスーッと流れるのだが、黄菌毛はザラザラしていて流れない。

こうした地味な作業を繰り返した結果、奇妙な陰毛を二本、発見した。二本ともおなじ家庭から出たものだ。

裏庭で姉を誘ってセックスしていた弟

その家の家族構成は、母親と長女（当時二十八歳）、そして長男（当時二十七歳）。父親は亡くなっており、ほかの兄弟たちはみんな東京にいる。とすれば、必然的に長男が問題となってくる。


ところが、調べてみると、アリバイがある。このアリバイというのがスゴイ。

「女子高校生が殺された日は、姉さんといっしょに水車小屋で米をついていました。家に戻ってきたのは三時半ごろです。それからそのまま裏庭の桑畑に姉さんを誘ってセックスをしていたんです」

というのだ。犯行時刻は四時だから、その話が本当であれば犯行は不可能である。

「嘘だと思ったら姉さんに聞いてみてください」

いくら性に関しておおらかな村といっても、近親相姦までやっているとは恐れ入る。姉を呼び出して確認すると、

「恥ずかしいことですが、たしかに桑畑で弟と……」

しかし、証言といっても身内の証言だ。全面的には信用できない。

そこで、近所から聞き込みを開始した。そうすると、どうやら本当に近親相姦が行なわれていたようなのだ。

あとは物的証拠として陰毛を調べるしかない。その弟から二〇本ほどの陰毛を提出してもらって調べてみた。ところが、これがまったく違うのだ。ちなみに姉と母親の陰毛とも違った。

結局、その陰毛がいったいどこからその家庭の褥に流れてきたのか解明できなかった。

捜査官もさまざまな経路をさぐり、ほかのルートの捜査を執拗に進めていったが、結局、陰毛の持ち主はわからなかった。やがて、その事件は迷宮入りし、時効が成立してしまった。

いまとなっては何をいっても無駄であるので、邪推は控えたいところだが、秘かに私はつぎのように考えている。もちろん、これは私の推察にすぎない。

つまり、姉か母親のところに、誰か別の男が夜這いに来ていて、その男が落とした陰毛ではないかと思うのだ。

夜這いの風習が残っていた村ならではの話である。

第2章

歯

白骨死体は歯が命

鈴木和男

元東京歯科大学名誉教授
元警視庁刑事部顧問

指紋に劣らぬ「歯」の個人識別能力

証拠能力としては抜群の安定性

現在ではさまざまな科学捜査があるが、そのなかで法歯学にもっとも求められているのは、初動捜査における活躍である。たとえば、殺害された被害者の身元を割る作業などは、法歯学にとって非常に大切な仕事となる。

特に殺人事件においては、被害者の身元を一刻も早く割り出すことが必要で、身元がわからないと捜査は遅々として進展しない。また、被害者の死体はいつも綺麗な状態で発見されるとは限らない。腐乱してしまって生前の形状を保っていないものも多く、なかには白骨化したものもある。そうなると、身元の割り出しは容易ではない。

ところが、歯というのは、死体が腐乱しても生前の形状をしっかりと保っている。こういった理由から、法歯学が初動捜査で果たす役割が大きくなるのである。

捜査における歯の持つ特徴のひとつは、まさに、そうした「証拠としての安定性」である。人間の体のなかで固いものは、毛髪、爪、骨、そして歯。これらを硬組織というが、

歯の組織模型図

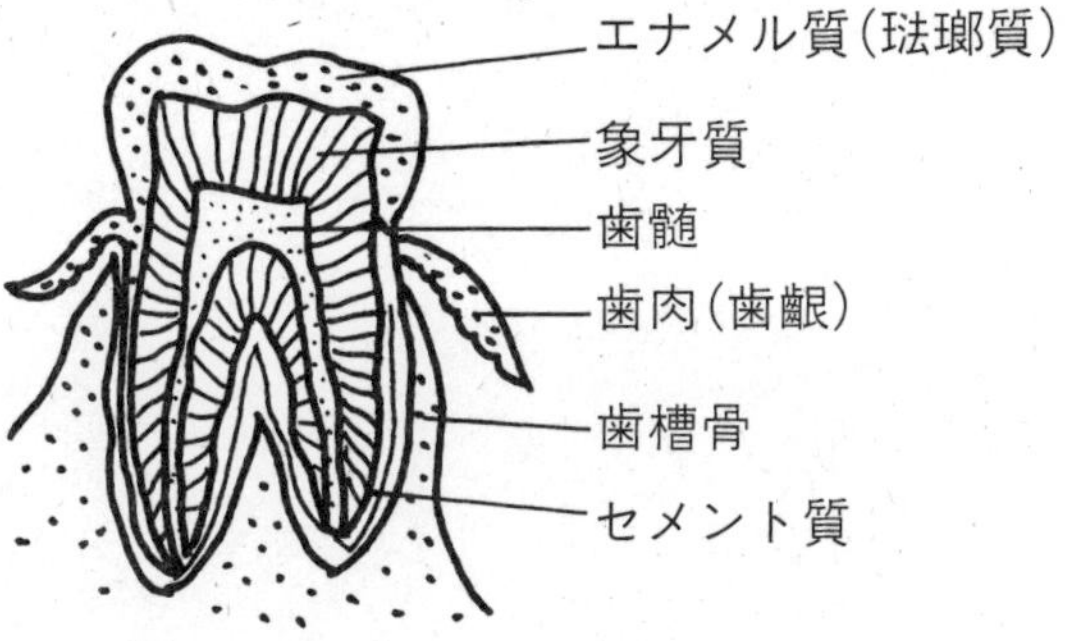
エナメル質(琺瑯質)
象牙質
歯髄
歯肉(歯齦)
歯槽骨
セメント質

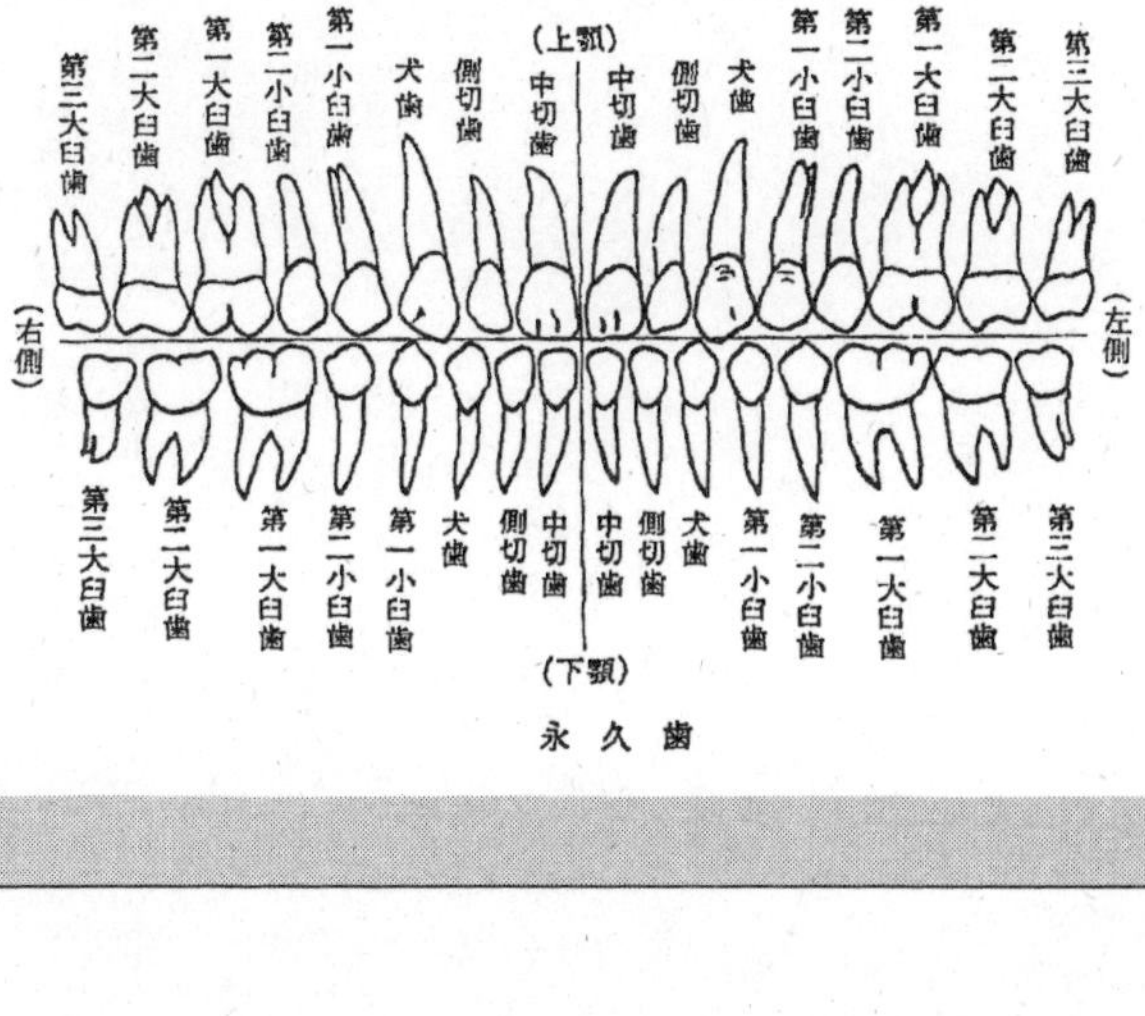
(上顎)
第三大臼歯
第二大臼歯
第一大臼歯
第二小臼歯
第一小臼歯
犬歯
側切歯
中切歯
中切歯
側切歯
犬歯
第一小臼歯
第二小臼歯
第一大臼歯
第二大臼歯
第三大臼歯
(右側)
(左側)
第三大臼歯
第二大臼歯
第一大臼歯
第二小臼歯
第一小臼歯
犬歯
側切歯
中切歯
中切歯
側切歯
犬歯
第一小臼歯
第二小臼歯
第一大臼歯
第二大臼歯
第三大臼歯
(下顎)

永久歯

そのなかでもっとも硬いのは歯なのだ。死体が腐っても、いちばん最後まで残る。

ここで歯の構造について簡単に説明しておこう。いちばん外側がもっとも硬いエナメル質、その下に骨と同質の象牙質、その下に神経が走っている歯髄がある。歯のいちばん奥の根っこの部分がセメント質、そして歯槽骨が歯を支えている。

さて、そのなかでもっとも硬いのは、いちばん外側のエナメル質である。死後、何年も経過して、骨さえ崩れ去ったとしても、いちばん外側のエナメル質だけはしっかりと残っている。なかの象牙質などは消失しているわけだから、そうするとちょうど帽子を被っているような状態となる。それで、これをエナメルキャップなどと呼ぶのだが、このエナメルキャップはなんと三千年前、古墳時代のものさえ残っているのだ。

それほどの安定性がある。

歯は指紋とおなじように千差万別

二番めの特徴は、その個人識別能力の高さである。おなじように見える歯であっても、一万人いれば一万とおりの個性や特徴をもっている。そうした特徴は、指紋鑑定にもっとも顕著に現われるわけだが、歯もそれに劣らぬほどのものがある。

たとえば、歯の形状、歯並び、治療根だけでも、確率的にはたいへんな数字になる。さらに、歯を支えている歯槽骨をレントゲン撮影すると、独特の紋様が映る。そうした項目を全部合わせると、まずふたりとしておなじ歯の人はいないといっていい。

三番めの特徴は、個人の歯に関する書類がなんらかの形で残っているということだ。歯医者には最低五年間はカルテを保管しておく義務があり、なかには十年ほども保管している医者もいる。そのほか、会社や学校の歯の記録も含めると、ほとんどの人の歯がなんらかの形で記録されていることが多い。

実際、これまで歯の検査や治療に、一回も歯科医のお世話になっていない人というのはごく稀なのではないだろうか。

いっぽう、指紋などは、犯罪を犯すなどなんらかの形で警察にお世話になった人だけが指紋登録されている。しかし、それに対して、歯はほとんどの人が「登録」されていることになる。そういう意味で、身元の確認には、歯が大きな威力を発揮するのである。

年齢、性別、血液型が見えてくる

それでは歯から見えてくるものとは、どういうものがあるのだろうか?

まずは年齢である。

年齢は、咬耗（噛むことによる磨耗）の程度で判別することができる。エナメル質に咬耗が見られないものは、十五歳から二十歳。エナメル質に平坦な咬耗箇所があれば二十一歳から三十歳。糸状、あるいは線状の線が浮き出てきてその下に象牙質が見えてきたら三十代。その線がさらに広がり、幅をもった面状になったら四十代。それがさらに極度に磨耗したものは五十歳以上、という判断を下すことができる。

また、神経が走っている歯髄は、老年期になるとだんだんと狭くなっていくので、その程度で判断することもできる。

また、皆さんもご経験があるかと思うが、当然のことながら、乳歯、永久歯も大事な判断材料となる。

歯というのは、草木とおなじように、根っこの部分が成長とともに下のほうへ伸びていく。根が浅い歯ほど若い歯と判断することができる。幼児の場合は、その程度が細かく分かれているので、細かい年齢の判断が可能となる。

二番めは、性別。

これは歯の大きさで判断する。男性の歯が女性の歯よりも大きいのだ。対象となる歯を計測し、その数値で男女の性別を判断する。ただ、性別に関しては、科学技術の進んだ現在は、大きさではなくセックスロマチン（性染色体）による識別が主流になっている。

三番めは、血液型。その昔、血液型は、当然のことながら血液からしかわからなかったが、現在は毛髪、爪、精液、体液などからも判断することができるようになった。歯から血液型を割り出す方法は、いくつかあるが、よく用いられているのは、歯を粉末状態にして血清を使って検査する方法である。この方法では、一〇ミリグラムから一五ミリグラム程度の歯があれば判別可能になる。

四番めは、職業や生活習慣。

たとえば、最近はそうでもないが、昔の大工さんなどは、いつも釘を口にくわえていたものだから、前歯のところが特に磨耗していることが多かった。

ほかにも、ガラス職人などは、空気を送りこむ管をいつもくわえているから、歯が磨耗して丸くなっている。

また、昔の美容師さんは、ピンを口にくわえているから、前歯の中央部分が少し減っている。その減りぐあいで、何年ぐらい美容師をやっていたかということまでわかる。

トランペットやサックス奏者などミュージシャンも独特の磨耗の仕方をしていて、これも非常によくわかる。

そうした職業的なもののほかにも、煙草のヤニのつきぐあいで利き腕を判断したり、パイプを吸っている人なら、その磨耗ぐあいですぐわかるし、入れ歯のグレードで経済状態を考察することもある。

余談かもしれないが、前のほうだけ金を入れてキラキラさせている人はどちらかというと目立ちたがり屋が多いようだ。いっぽう、前には入れないで、人に見えない奥歯に金を入れている人は、本当の意味での金持ちという人が多いようだ。

事例① 白骨死体の歯は語る

紐を引っ張ると、土のなかから人の足が！

一九八〇年、福岡県筑紫野市での出来事。ある老夫婦がいつものように、近くの一ノ瀬峠を散歩していた。夏の日差しは木々の緑を鮮やかに映し出し、吹く風も平地とは違って心地良かった。

道路から少し外れた茂みのなかに入り、散策していると、土のなかからビニール紐が飛び出しているのが見える。妻のほうが何気なくその紐をグッと引いてみたが、びくともしない。夫のほうも何かしら気になるものがあったのだろうか、妻を手助けするつもりで、思いきりグッと引いてみた。

土が裂け、なかから出てきたのは人の足だった。老夫婦は声にならない叫び声をあげ、腰を抜かしながらも、すがるような思いで警察へと通報したのだった。

すぐさま警察が現場に到着し、さっそく現場検証を開始した。

死体は死後相当の時間が経過しているらしく、上半身はすでに白骨化していた。かろうじて下半身だけが激しい腐乱状態ながらもなんとか形をとどめていた。

足にくくりつけられたビニールの紐は、死体を林のなかに移動するためのものだろう。道路に車を置き、車から死体を引きずり下ろしたものの、重くて動かせない。それで足に紐をくくりつけズルズルと引きずっていって土のなかに埋めたのだ。それが雨が降るなどして泥が流されて、紐の部分が出てきたというわけだ。

さて、死体はそのように損傷がひどく性別の判断もままならなかった。男性のシンボルの形跡がなかったので、てっきり女性かと思われたが、解剖してみると子宮がない。それで男性ということがわかったのだが、どうやら男性のシンボルは切り取られたようなのだ。

さまざまな方向から捜査を重ねたにもかかわらず、身元の割り出しは遅々として進まない。

結局、そのまま身元が判明せず、約五年が経過してしまった。身元がわからないと、当然のことながら捜査はそこから先へはなかなか進めない。犯人の手がかりも何もわからないまま、この事件はお蔵入りになりそうだった。

死体の身元が見えてきた

五年後、この事件の解決の糸口がいきなり見えてきた。

それは、まったく予想もつかない方向からだった。

Aという男が別件で逮捕されて、事情聴取を受けているときに、

「一ノ瀬峠というところに、B男という男の死体が埋まっている」

と、ポロリとこぼしたというのだ。どういう経緯で、そんなことをいったのか、私は詳しくは知らない。尋問の過程で、ひょんなきっかけから口を滑らせたようなのだ。

「おまえがやったのか？」

「いや、俺はやっていない」

「じゃあ、どうしてそんなことを知っているんだ？」

「そういう噂を聞いたことがあるだけだ」

「誰がいっていたんだ」

「忘れた」

犯行そのものは強く否定していたという。

死体が埋められているという場所を調べに行ってみると、それはなんと五年前に白骨腐

乱死体が発見されたところとおなじ場所だったのだ。

その地点は、Aが事情聴取を受けたときに描いた地図と寸分違っていなかった。あのときの事件は、当然のことながら新聞などにも報道されていたが、埋められた場所に関する詳細は、関係者しか知らないはずだ。しかも、被害者の身元は結局わからずじまいで、誰も知っているはずがないのだ。

被害者の身元や死体が埋められた正確な場所は、普通、犯行にかかわった本人しか知りえないことである。こうなると、限りなくA男が怪しい。

ここで問題となるのが、A男が漏らした被害者のB男と、五年前に掘り出された白骨死体が同一のものであるかどうかである。

その確認をしなければならないということで、私のところに鑑定依頼が飛びこんできたのである。

ピタリと合った第一、第二小臼歯

五年間、法医学教室に保管されていた身元不明のその頭蓋骨が、私の研究室に持ちこまれた。

「B男の歯のレントゲン写真はありますか？」

「はい、用意してきました」

被害者B男が通っていた歯医者を、捜査官が懸命になって捜し出し、残されていたレントゲン写真を持ってきてくれたのだ。このレントゲン写真と白骨の歯の部分を正確に照合するには、白骨の歯の部分のレントゲン写真を撮らなければならない。レントゲンとレントゲンでなければ正確な照合はできないからだ。

五年間眠っていた白骨の歯の部分をレントゲン写真で撮影して、いざ、重ね合わせてみると、これが実によく似ていた。特に、特徴的に見えた下顎の左の第二小臼歯と第一小臼歯の曲がりぐあいなどはピタリと合っていた。

なお、白骨のほうの上顎の五番は欠けていたが、歯医者から持ってきたレントゲン写真の五番は欠けていなかった。しかし、これは問題にはならない。その逆、つまり、歯医者のレントゲン写真では欠けているのに白骨のほうは欠けていないとなると、これはおかしい。新たに生えてくるはずはないからだ。しかし、反対の場合は、時間的な経過のなかでなんらかの原因で歯を失うことはありうるから、問題とはならないのである。

結局、私は、そのふたつは同一人物のものであると判断した。

その後の捜査や裁判の過程は詳しくは知らないが、A男は、結局、有罪判決を受けて、いま現在も刑務所にいる。

おまえの鑑定が間違っている!?

この事件に関しては、後日談がある。

レントゲンフィルムには、専門技師の手で、フィルムの端に「右」「左」とマジックで書きこまれてある。それによって表と裏を明確にするのである。

私は最初、その指定にそって照合してみたが、まったく合わない。念のために裏返しにして照合してみると、これがピタリと一致した。

フィルムは裏表を間違う可能性がある。そういうことを念頭において、私はいつも表と裏と両方で調べるように心がけているが、この場合は裏にしてピタリと合ったのだから、明らかにもともとの裏表の指定が間違っていたのだと、判断したのだ。

ところが、これに関して被疑者側は異議を申し立てた。鑑定のうえで私に過失があって、それゆえに間違った鑑定がなされたのだとして、私を裁判に訴えたのである。

しかし、裁判のなかでも主張したが、裏と表は間違える可能性があり、その指定は絶対的なものではない。それゆえに裏表両方にわたって調べることは、なんらおかしいことではない。むしろ、ミスを排除するていねいな鑑定といっていいはずなのだ。

さらにいうならば、もし、ふたつのフィルムがまったく違う人物のものであれば、裏側を照合したとしても、それがピタリと合うはずがないのだ。違うものがピタリと合うというのは、万人不同に近い歯の性格上、ありえない話である。それが合うというのは、すなわち、同一人物のものであり、むしろフィルムの裏表の指定のほうが間違っていたということになるのである。

結局、訴えられた私は、当然ではあるが、勝訴した。

正義は正義として堂々と主張するのは当たり前だが、犯罪の重要な証拠となる鑑定という仕事は本当に責任の重い仕事であるな、といまさらながら痛感するのである。

事例② 乳首を噛み切られた猟奇殺人事件

噛みつかれ、殺された小料理屋のママ

一九七八年三月五日、東京都内のA市で、その惨殺事件は起きた。

被害者は小料理屋のママ、Tさん。

従業員が深夜、店に来てみると、普段は降ろすことのないシャッターが降ろされていて、しかも中途半端に三〇センチほど開いていた。不審に思いながらなかに入ってみると、T

さんが無残な姿で死んでいたのだ。

急遽、警察署員がかけつけた。店の奥には別の部屋があり、そのベッドの上にTさんは仰向けになって倒れていた。着ていたカーディガンは脱がされ、下着も乱れ、下半身はむきだしになっていた。右側顔面は殴られたのだろう、腫れ上がっており、首には締められた跡もあった。明らかに暴行殺人である。

ただ、それは普通の暴行殺人ではなく、猟奇殺人と呼べるものだった。というのは、右側の乳首は嚙み切られており、左乳首もひどく嚙まれてブラブラになっていたのである。さらに、右頰も嚙まれたようでひどく傷ついていて、上腹部、右下腹部にもはっきりと嚙み跡が残っていたのだった。

殴られ、乳首をはじめとする身体じゅうを嚙まれ、暴行され、あげくの果てに首を締められて殺されるという、なんとも残忍な事件である。

さらに検査を進めていった結果、つぎのようなことが判明した。

嚙み跡の形態や皮下出血の状況から見て、被害者の体に残った嚙み跡は、ほとんど被害者に対して加害者が逆の体位で嚙んだ跡である。

また、犯人の歯の特徴として、下顎前歯の部分に隙間が認められることから、切歯がなくなっているか、あるいは切歯の先端が欠けていることが推察される。

私ができるのはひとまずここまで、あとは捜査陣の懸命の活躍を待つしかない。私が提示した推定をもとに、捜査陣は、被害者の交友関係、常連客など、身辺を徹底的に捜査していった。その結果、複数の容疑者が浮かび上がってきた。

チーズを使って歯形の検出

数日後、ふたたび、警察から私のところに電話がかかってきた。

「先生、容疑者が捕まりました。すぐに来てくれませんか」

そのとき、私は、仙台市で開かれていた日本法医学総会に出席していたため、すぐには帰れない状況だった。しかし、事件が山場を迎えたそのときに躊躇《ちゅうちょ》している暇はなかったので、とっさに、

「わかりました。すぐに帰ります」

と返事をしてしまったのだ。

ところが、運悪く東北本線が事故で運休、飛行機も満席ということで、どうにも動きがとれない。事情を警察に話すと、よほど急《せ》いていたのだろう。

「すぐに自動車をそちらに向かわせますから、それで帰ってきてください」

という。

迎えにきた車に飛び乗って、大慌てで東京に向かった。

さっそく、検査を開始する。

複数の容疑者がいるから、まずは、おおまかなところがわかる検査をして、絞りこみをすることにした。

使った道具はチーズ。それぞれの容疑者にチーズを嚙んでもらって、そこに残された歯痕や歯並びの状態を見ていった。そうすると、被害者の体、特に右下腹部に残っていた歯痕ときわめて似たものがひとつだけあった。

その歯痕の特徴を挙げると、つぎのようなものだった。右の中切歯、両側の側切歯、犬歯によってできた傷が、やや捻転していたのである。そして、それとおなじような特徴が、ひとりの容疑者のチーズにできた歯痕にも見られたのである。

こうして、複数の容疑者のなかから、特に怪しいと思われる容疑者を選び出し、その容疑者に対して、今度はさらに精密度の高い検査を施した。

チーズ片に残された歯痕から、さらに歯の状態がわかるように寒天模型をつくり、被害者の右下腹部に残された歯跡とをくらべると、歯の位置や歯並びがピッタリといっていいほど酷似していた。

さらに、今度は、その容疑者から直接、歯形模型を作成し、一段と精密な検査を行なったところ、これもピタリと一致した。

私は、この結果をそのまま刑事に伝えた。

「被害者に残されていた歯と、容疑者の歯はきわめて似ています」

このことがきっかけで、捜査は急速に進んだ。容疑者がこれだけ絞られたのだから、その容疑者のアリバイ捜査や、その容疑者に絞った聞き込みを集中的に行なうことができる。証拠としての鑑定結果だけではなく、捜査への大きな手がかりを提供する意味でも、法歯学の鑑定は大きな力となるのだ。

結局、犯人はしばらくして逮捕されることとなった。歯形がピタリと合ってしまった事実を突きつけられては、観念せざるをえないのは当然だったろう。

結局、この男の犯行動機はなんだったのだろうか。本人がいうには、犯行当時、酒に酔っており、

「自分が何をしたのか覚えていない」

ということだった。

「衣服に血がついていたので、たいへんなことをしたのかもしれない、と思っていた」

という。

泥酔して暴れる人はたまにいるけれども、泥酔してこれほどむごい猟奇殺人を犯したこ

とを覚えていないというのは、あまりにもひどい。殺されたママさんがあまりにもかわいそうである。

なんとも腑に落ちない怪事件であった。

事例③ 暴漢の腕を嚙んだことが証拠となった

襲ってきた男の腕を思いきりガブリ！

もうひとつ、嚙み痕が事件解決につながった事件を紹介しておこう。

一九七五年ごろだと思うが、長野県のある町で、婦女暴行未遂事件が発生した。人気の少ない通りを歩いていた被害者Iさんの後ろから、男が急に襲いかかってきた。空き地に連れこまれ、背後から首を締められ、ねじ伏せられようとした。

そのとき、まわされた男の腕をIさんは思いきり嚙みついたのだ。

嚙みつかれたことのある人はわかると思うが、思いきりやられると、飛び上がるほど痛い。物凄い力である。それこそ肉ならちぎれてしまうことだってある。被害者も必死の思いで嚙んだだろうから、犯人の痛がりようはたとえようもなかったに違いない。

目には目を、ということではないだろうが、男のほうもIさんの背中に嚙みついた。背中に嚙みつくというのは、普通ではなかなかできない。人間の口は犬や猫と違って前に出っ張っていないから、平面のものは嚙みにくい。しかし、よっぽど痛かったのだろう、なんとか嚙まれた腕を振りほどこうと思って、必死の思いで背中に歯を当てたのだ。

結局、Iさんが大声をあげたことで犯人は逃走し、犯行は未遂に終わった。逃げた犯人は、捜査の結果、わりと早期に逮捕されている。

さて、この容疑者が犯人かどうかを調べるには、いうまでもなく、歯が重要な要素となった。しかも、男の右腕の前腕部にIさんの歯痕が残り、Iさんの背中に男の歯痕が残っているわけだから、ダブルの照合が可能となり、鑑定の結果は非常に高い信憑性をもつことになる。

鑑定資料として持ちこまれてきたのは、Iさんの背中に残された嚙み痕の写真四枚、容疑者の右腕の前腕部に残された嚙み痕の写真四枚、そして、容疑者の口腔から採取した上顎下顎の石膏模型である。

「犬に嚙まれた」と苦しまぎれの言い訳

男の言い分では、自分の右腕の前腕部に残された傷は犬の嚙み痕だということだった。

だから、まずは、容疑者の右前腕部の噛み痕が犬のものかどうか調べる必要があった。

犬の歯の特徴は、なんといっても、犬歯だ。切歯六本の両端にあるのだが、犬歯だけが際立って大きく、鋭く突き出ている。人間とはまったく違う。そして、その歯並びは、人間がゆるやかな曲線なのにくらべて、U型になっている。

容疑者の右前腕部の噛み痕を調べてみると、ほぼ直線の噛み痕になっており、しかも大きな際立った犬歯の痕も残っていない。

なるほど、犬が犬歯を使わずに切歯だけで噛んだのではないかと考える人もいるが、少なくとも犬が物を噛み切ったり、ましてや攻撃したり、獲物を捉えたりするときに、犬歯を使わないとはきわめて考えにくいのだ。

以上のようなことから、犬が噛んだとはとうてい考えることはできなかった。そして、逆に、その傷痕はＩさんの歯痕にきわめて似ていたのだ。

いっぽう、Ｉさんの背中に残された歯痕は、洋服の上から噛まれているために、直接噛んだときほどの鮮明さはなかったが、歯並びの方向といくつかの歯の位置を推定するには充分な噛み痕だった。

私は、容疑者の口腔から歯形模型をつくり、同時に、比較対照するために私のところにいるふたりの研究員の歯形模型もつくった。その三つの模型でもって、Ｉさんの背中の噛み痕に当ててはめてみたり、嚙みついたときの上下顎の力の入れぐあいに変化をもたせたりして研究していった。

こちらの検査でもやはり、容疑者の歯形模型がIさんの背中の嚙み痕と一致するということが証明された。

これでもはや、犯人にとって逃げ道はないはずだったが、弁護側は驚いたことに、つぎのようなことをいいだした。

「容疑者の腕の傷は、蜂に刺された傷痕だ」

冗談ともつかぬ話だが、真顔でそんなことをいいはじめたのだ。

これに対して、私はつぎのようにいってやった。

「長野県の蜂は、数匹が一列に並んで刺す習癖があるのでしょうか」

いくら苦しまぎれの弁護だといっても、蜂が刺した傷と人間の嚙み痕がおなじように見えるはずがない。なんともひどい弁護だった。

当然のことながら、その容疑者は有罪となった。

万一、暴漢に襲われたら、自分の身を守るために、そして証拠を残すためにも、嚙みつくというのはかなり有効な手段のようである。

事例④　身元判明に大活躍!!　日航機墜落事故

ジャンボジェット機が群馬県の御巣鷹山に激突

法歯学は、殺人事件や傷害事件だけに関与するものではない。さまざまな大事故による死亡者の身元確認にも大きな力を発揮する。

忘れることのできない、あれは一九八五年の八月十二日のことだった。最悪の飛行機事故が発生した。夕方に羽田を飛び立った日本航空のボーイング747SRジャンボジェット機が離陸してから約四十分後に、航空管制塔のレーダーからその姿を消してしまったのである。

同機は、姿を消してから数分後に群馬県多野郡上野村の御巣鷹山に激突し、墜落炎上。機体の破片は一キロ四方に飛散して、五二四名の乗客の命は絶望視されていた。

しかし、翌十三日の捜査によって、四名の生存者（いずれも女性）が奇跡的に発見されたのである。

十三日の深夜に、群馬県警の科学警察研究所の所長から出動の要請があった。それを受けて私は、大学の法歯学研究室に電話した。

「今日これから、遺体が収容されている藤岡市内の市民体育館に行ってようすを見てくるから、教室員は全員、検視ができる態勢をとっておいてください」

五〇〇人以上の犠牲者が出た大事故である。群馬県警だけで処理できるものではない。群馬県警察医会が中心となって、地元の医師会、歯科医師会、日本法医学の専門家、日本赤十字社の救護班、そしてボランティアの人たちが参加しての大がかりな作業が始まった。私の法歯学教室員も、八月十五日から年末の十二月二十日まで、延べ二〇〇人のスタッフが出動して、身元確認の作業に従事した。

歯の識別法で二〇〇体の身元が判明

こうした大惨事の場合は、犠牲者の身体の損傷が著しい。頭頂部や顔面部、手足がなかったり、焼けてしまって原型をとどめていなかったりして、外見からの判断はなかなか難しい。

ところが、歯というのは、人間の体のなかでもっとも固く、死後の変化も少ない。しかも個人識別能力が非常に高いことから、こうした事故の場合は、大きな力を発揮することになる。

日航機墜落事故現場。折れた尾翼から事故の壮絶さがうかがえる

現場は、まさに〝この世の〟地獄であった。死臭と火災の匂いが立ちこめて、いたるところから煙が舞い上がり、人間の体の一部なのかどうかもわからないような肉片が散乱している。しかも、それが広範囲にわたってつづいている。

気が遠くなるような感覚に襲われながらも、歯がついた顎の部分、あるいはその破片部分などを細かく捜し出し、収拾した。そして、乗客乗務員名簿をもとにして、被害者が生前に通院したことのある歯医者を捜し出し、被害者の歯のカルテやX線写真を取り寄せた。それから、拾い集めた歯や顎の部分と比較照合しながら、身元の割り出しに全力を注いだのである。

結局、二〇〇体以上の遺体が、歯による識別法によって身元確認することができた。遺体確認の決め手は、三一パーセントが歯形、顔や体の特徴が二三パーセント、指紋が一九パーセント、所持品が一七パーセント、着衣が一〇パーセントであった。

もっとも、どれほど科学的な調査を行なったとしても、それだけでは一〇〇パーセントにはならない。最後は、肉親の確認によるしかないのだ。これは航空機事故だけでなく、地震や津波などの天災、火災などの人災でも同様である。

愛する肉親の確認があってこそ、その遺体はその身元を明らかにしてくれるのである。

最期までいっしょだった夫と妻

前述したように、飛行機事故における遺体は無残きわまりない状態になっている。遺体の一部であっても綺麗な形で残っているのは、まだましなほうで、たとえば、顎なら完全な形の顎ではなく、ほんの一部しか見つからないことのほうが多い。

そうした調査のなかで、忘れられないつぎのような事例があった。

その遺体の一部も、歯と骨とが皆いっしょになって焼けていたために、一目見たところでは何が何だかわからないような状態だった。ごちゃまぜ状態の塊になっていたのだ。

それを丹念にひとつひとつ剝がしていくと、ようやく女性の歯がついた顎の一部が発見された。

生前の歯のカルテやレントゲン写真と、その顎の一部を照合していくと、非常によく似た一枚のレントゲン写真とぶつかった。

そのレントゲン写真の主は、新婚三カ月の新妻だった。初めて里帰りするために飛行機に乗ったということだった。夫とともに、幸せいっぱいの帰省だったのだろう。

その顎の一部は、その女性のものである確率は非常に高かったが、レントゲン写真は撮影する角度によって変わってしまうから、正確を期するために再度、撮りなおした。生前のレントゲン写真とおなじ角度から、顎の骨を撮影したのである。

そうすると、やはり、そのふたつの写真はピタリと一致した。

そのお母さんは、その遺骨を両手で抱きしめながら、泣いておられた。

「こんなに小さくなっちゃって。かわいそうに。かわいそうに」

小さくなった遺骨を、いつまでも頬に擦り寄せていらっしゃった姿が忘れられない。

さて、さらに驚くべきことがもうひとつあった。

新妻の歯が出てきた骨と歯の塊のなかに、もうひとつ、別の人間の歯と思われる歯が出てきていたのだ。

おなじような方法で調べていくと、それは、なんと新妻の夫の歯であることがわかったのである。

飛行機が落ちる数分前には、墜落するということがおそらくわかっていただろう。その死を目前に控えた恐怖のなかで、その結婚したばかりの夫婦は、抱き合うように身を寄せ、頬を擦り寄せて、最期のときを迎えたに違いない。

あまりにも過酷な運命のなかで、その骨と歯の塊は、極限状態における人間の愛情の結晶であるような気がするのだ。

第3章

指　紋

犯人特定の最終兵器

取材協力
竹山永司

元神奈川県警察本部刑事部鑑識課技幹
元日本鑑識学会会長

指紋は「万人不同」「終生不変」

科学捜査の王者「指紋」

これまで、科学捜査の現場では、さまざまな種類の技術が開発され進歩を遂げてきたが、そのなかでも指紋による鑑識はもっとも古く、なおかつ、もっともポピュラーな捜査方法として、世間一般にもよく知られている。

さて、指紋というのは、いうまでもなく皮膚の一部に現われる紋様である。この紋様を現わす皮膚の細かい盛り上がり部分は隆線と呼ばれている。皮膚には大きく分けて、有毛皮といわれる毛が生えている皮膚と、無毛皮といわれる毛が生えていない皮膚のふたつがある。隆線は、このなかの無毛皮、つまり手の内側や足の裏に現われている。そして紋様が現われる部位によって、指紋、掌紋、足紋などと呼ばれているが、もっとも利用されているのが指紋である。

こうした指紋がどうして、犯罪捜査に利用されるのかというと、指紋には大きなふたつの特性があるからだ。ひとつは「万人不同」という特性。つまり、誰ひとりとしておなじ指紋を持つものはいないのだ。一〇〇万人の指紋を採れば一〇〇〇万個（ひとり十指）の違った指紋が採取できる。

もうひとつは、「終生不変」という特性。つまり、生まれてから死ぬまで指紋は変わらないのである。もちろん、子供のとき採った指紋と大人になってから採った指紋では大きさが違うから、ふたつの指紋を合わせたときにそのまま合致することはないが、指紋で個人を識別するときは、隆線の特徴によって行なうので、大きさはあまり関係がない。隆線の特徴そのものは変わることがないので、おなじ人間の指紋なら、拡大してサイズをおなじにすれば、一致することになる。もっとも、深い傷を負えばそのまま傷痕が残ったりすることはある。ただその場合でも、全体の隆線特徴に影響があるということはない。

この「万人不同」と「終生不変」という事実から、指紋が一致するということは、地球上の全人類のなかのひとりを特定できるという、重要な意味をもつことになる。そして、私たちはこの特性をうまく利用して容疑者の身元割り出しを行なうというわけなのだ。

犯罪現場での指紋採取のやり方とは？

さて、現場に残された指紋はどのようにして採取されるのだろう。

指紋の残り方には大きく分けて、目に見える状態で残っているものと目には見えにくい状態で残っているものがある。

目に見える状態で残っているものには、たとえば、血液をはじめとする、なんらかの色のついた液体が付着した手で、そのまま物に触った状態の指紋がある。また、粘土のように物の形状が簡単に変化するものに触ったとき、あるいは、埃などがたまった状態のところへ手を置いたときなども、はっきりと指紋を認識することができる。

目に見えにくい状態で残っているものは、前記のような状態以外のもの。犯罪現場では多くの場合、こちらのほうが多いといえるだろう。

いまは、テレビの刑事ドラマなどで指紋採取のようすも描かれることが多いので、ほとんどの方はおおまかなやり方の見当はつくだろう。指紋が残っているだろうと思われる箇所に、アルミニウム系の微粉末を特殊なハケや筆で慎重に付着させる。てのひらからは汗などの分泌物が出ているから、その分泌物に微粉末が付着すると指紋の形状が浮き上がってくることになるのだ。こうすることによって、それまではなかなか目に見えなかった指紋がはっきりと目に見えるような状態になる。

そうやってハッキリさせた状態のものを、ゼラチン紙と呼ばれている、セロテープのようなものに転写して指紋を採取する。その採取した指紋を黒い台紙などに貼りつけると、鮮明に指紋が浮き出てくるという仕組みである。

この粉末は、指紋がついているものによってさまざまな種類を使い分ける。一般的にいちばん多く使われているのは、アルミニウム系の粉末。なかでも静電気が起きないように帯電防止加工をした特殊な粉末が多く使われている。

ガラスやプラスティックや金属などのように汗を吸いこまないものは、こういうやり方で採取できるが、汗などが浸透する紙などではどうするか。

この場合は、粉末をかけるのではなく、特殊な溶液に浸したり、スプレーするなどの方法で検出する。その溶液に汗などの分泌物が反応して、指紋が浮き上がるという仕組みになっているのだ。この場合の採取方法は、ゼラチン紙などに転写できないので、写真撮影をして残す。

指紋の対照には関係者の協力が不可欠

目に見える指紋はいいけれども、目に見えない指紋を採取するのはやはり経験と勘を必要とする。現場の状況によってさまざまな判断を下すことになるのだ。窃盗であれば物色されたところをもちろん調べるが、犯人の行動はそう簡単に計算できない。いったいどこに触れているのかは基本的にはわからないから、部屋に入って触った可能性のある箇所については、すべて綿密に採取することになる。

たんすだけが物色されているからたんすだけやればいいかというと、そうではない。これは本当にたいへんな、地味で根気のいる作業である。

だいたい、指紋は犯人が残した指紋だけではない。そこに住んでいる人の指紋、出入りしている友人知人の指紋、いろんな指紋がたくさん残っているから、検出した指紋のなかで、どれが犯人の指紋で、どれがそうではない関係者の指紋であるのか、取捨選択していく作業が必要となってくるのだ。

そのためには被害にあわれた方はもちろん、そこに出入りしている関係者の多くの方々の協力が絶対に必要となる。しかし、自分の指紋を採られるというのはあまり気持ちのよいものではないので、なかなか協力してもらえない場合もある。犯人の指紋を選別するために、捜査への協力をしてもらうのが、事件を解決するためには大きな要素となることをぜひ理解していただきたいと思う。

犯罪者の指紋は残りやすい？

現場指紋は、綺麗に残っているほうが少ない。ほんの一部しか残っていなかったり、ひとつの指紋の上に別の指紋がかぶさっていたりする。

通常は、最後に触れた人の指紋が残ることが多いけれども、前に触れた人の指紋が鮮明に残っていて、あとから触れた人の指紋がうすく重なっていたりすると、識別が難しくなる。温度や湿度などの気象条件も影響してくる。

また、窃盗常習犯などは、指紋を残すまいとするから、手袋を使用することが多いようだ。しかし、手袋ならば手袋の痕跡が残ってしまう。その場合は、その手袋の種類やメーカーなどを特定し、絞りこんでいくことになる。ただ、この方法については「痕跡」専門の係官が取り扱うことになる。

また、逆にいえば、手袋痕が出たということは、「慣れているな。これは常習犯だな」、あるいは「用意周到な準備をしていたな」というような推測も成り立つわけで、それはそれで捜査の重要な要素となりうる。

さらにいえば、手袋をしていたとしても、うっかり指紋を残すこともある。

本人はしっかりと手袋をしていたつもりでも、破れて小さな穴が開いていて、その穴からちょうど指紋の中心部あたりが出てしまい、うまく指紋が残っていたなんてことも実際にあった話だ。

皆さんも経験があると思うが、手袋をしていると細かい手作業がやりづらくて、そのときだけ無意識に手袋をとってしまうということがある。犯罪を犯している最中というのは極度の緊張状態にあるから、たとえばうまく荷物が解けないとか、小さな部品などを触るときなどに、うっかり手袋を外して触ることも考えられる。

だから、手袋痕が見つかったからといって、指紋の検出作業をやめることはできない。どのようなことがあっても、徹底的にやる必要がある。

また、前述したとおり、指紋の付着物は汗を基本とした分泌物であるから、汗の少ない状態よりも多い状態のほうがいいに決まっている。

だからといって汗の少ない寒い地域とか汗の出にくい冬場は苦労するかというと、一概にそういうこともいえない。

発汗作用には、温熱性の発汗と精神性の発汗がある。温熱性の発汗というのは、いわゆる体温調節のために発汗するもの。精神性の発汗というのは、文字どおり精神状態によって発汗するもの。つまり、「手に汗握る」という言葉に象徴的に表わされているが、緊張や興奮によって汗が出てくるのである。

てのひらや足の裏というのは、実は、この精神性の発汗作用をもっているから、暑い寒いという気象条件的なものよりも、精神状態が大きくかかわってくるといっていい。犯罪を犯す場合は、極度の緊張や興奮状態のなかにいることが多いので、てのひらや足の裏は汗をかきやすい状態になっている。

つまり、一般的に犯行中は指紋が残りやすい状態になっているといえるかも知れない。

昔は、「分類番号」で指紋を捜していた

さて、そうやって採取した指紋をどう活用するか。

ひとつは、犯行現場に残された指紋と逮捕された容疑者の指紋とを比較対照して、その容疑者が犯行現場にいたことを確認するために指紋を使う。要するに犯人であるという物的証拠としての指紋である。

もうひとつは、現場から採取された指紋を、警察内部に保管されている数多くの指紋と照合する。つまり、容疑者を積極的に割り出すための指紋である。

この指紋による容疑者割り出しの作業が、なかなかたいへんなのだ。

警察には膨大な数の指紋が保管されている。これはいうまでもなく、犯罪捜査に役立たせるための貴重な資料である。

その指紋資料というのは、両手の全部の指が押捺された一枚のカードだ。いまはコンピュータで管理、検索することができるのですぐに捜し出せるが、昔は手作業だったので、本当にたいへんだった。

手作業で膨大な指紋資料を探し出すことができるのか、と思われる方も多いかもしれないが、「分類番号」をつけることによって、それは可能になる。かなり複雑なシステムだ

が、おおまかに説明するとしよう。

指紋には弓状紋、渦状紋、甲種蹄状紋、乙種蹄状紋などいくつかの種類があり、それぞれ定められた分類方法によって、各指に0から9までの番号をつける。なお、このほかに番号をつけられないような特殊な指紋もある。その場合は記号によって分類される。こうして、左右一〇本のそれぞれの指についた番号や記号を組み合わせると、たいへんな数の配列が生まれてくる。

これが、指紋の分類番号と呼ばれるものである。

たとえば、「左手が33453、右手が23345」というような分類番号になる。これを右手を分母とし、左手を分子として配列すれば、かなりの細分化ができる。実際には、さらに紋様の種類に優先順位をつけ、まず八種のグループに大別してから前記の方法で配列されている。

それは、0を含む分類番号のものを最優先して選び出し、そのグループのなかで前記の配列をする、というぐあいである。

このように配列、保管しておくことによって膨大な指紋資料のなかからでも捜し出すことが可能になるというわけだ。ちなみに、0というのは「指がない」ものを指す。右手だけ、もっとも、現場には両手の指紋がきれいに全部残っているというほうが稀だ。

左手だけ、あるいは特定の指紋しか残っていないということのほうが多い。この場合には、別に保管されている、指紋一本ごとのカードとの対照が必要になる。それには、現場から採取した指紋が、どちらの手の何指か、という「指種の推定」が大切な要素になり、訓練された指紋係員たちの経験に基づく適正な判断が欠かせないことになる。

事例① 四〇万回の掌紋対照の成果

郵便局に火炎瓶を持った男が乱入

指紋鑑識による捜査のポイントというのは、とにもかくにも「忍耐」の一言につきる。指紋係官は、テレビに出てくるような通常の刑事のように東奔西走しながら犯人を捜し出すということはない。通常はデスクに坐って、ルーペ（拡大鏡）を片手に、ひたすら指紋を対照するのがその仕事である。

地味といえばこれほど地味な作業はない。それゆえに、ドラマティックな犯罪捜査の現場に直接携わるということはなく、読者の方々が期待されるようなスリリングな話の展開は少ないということをまずお断りしておきたい。

そうした地味な仕事のなかでも、鮮烈な印象を残している事件もある。それは、一九八〇年、神奈川県のとある街での事件だった。

午後三時ごろ、町の小さな郵便局に火炎瓶を持った男が突如として乱入してきた。郵便物を持った数名の客がいるなか、その男は手に持った清涼飲料水の火炎瓶にライターで火をつけたかと思うと、それを床に投げつけた。一瞬にして炎が立ち上がり郵便局内は悲鳴と怒号が渦巻いた。その瞬間、男は、貯金受け払い窓口のカウンターに這い上がり、机の上にあった現金約四万円と積立預金通帳などを奪うと、一気に外に飛び出し逃げ去った。

あまりに突然の出来事で、犯人を取り押さえる余裕はない。ただ、立ちのぼる炎を消火器で消し止めるのが精一杯の状況だった。

指紋係官たちも現場で鑑識にあたったが、消火器の粉末で汚された現場には、これといった手がかりもない。

そのなかで唯一の手がかりになりそうなものは、犯人が現金を奪うときに這い上がった、カウンターに残っていると思われる指紋や掌紋である。指紋係官たちはいつものように慎重に、テーブルの上をアルミニウム系の粉末がついた特殊なハケではき、白く浮き上がってきた指紋や掌紋をひとつひとつゼラチン紙で採取していった。

鮮明なもの、不鮮明なものを含め、その数は数十個にものぼった。ただし、ご存知のように郵便局のカウンターというのは毎日たくさんの人の手が触れるわけで、犯人以外の指紋や掌紋がたくさんについているはずなのだ。そのなかから犯人の指紋だけを絞りこむのは相当たいへんな作業になる。

どうやって絞りこむかというと、採取した指掌紋のなかから、出入りしたお客さんの指掌紋を落としていくしかない。

出入りした人たちの指掌紋を採取するにはどうするかというと、これはもうひたすら、出入りしたであろうお客さんなどをしらみ潰しにあたって協力を願うしかない。刑事たちが一軒一軒近所などをまわりながら、事件発生当日、あるいは数日前に郵便局に行かなかったかを聞いてまわる。該当者がいれば、指紋や掌紋を採らせてもらうように協力を丁重に依頼するのだ。

しかし、指紋を採られるというのは、やはり気持ちのいいものではないようで、なかには拒否される方もおり、関係者の指紋や掌紋を集めるのは実に根気と忍耐のいる作業になる。

そうした地道な刑事たちの努力で、出入りした関係者の指掌紋がかなり集まった。集まれば集まるほど絞りこみができるのだが、同時に対照作業もたいへんになる。二〇人の関係者の指紋がもらえたとすると、二〇〇本の指紋を、現場で採取した数十個の指紋に照らし合わせていくことになる。その組み合わせの数は掛け算になるわけで、そのたいへんさがおわかりいただけると思う。

それは掌紋についても、まったく同様である。

特殊な掌紋が浮上

そうした作業のなかから、まだ断定はできないがきわめて怪しいと思われる掌紋が三個残った。

掌紋というのは指先の指紋ではなく、てのひらの紋様である。指紋と同様に万人が異なる隆線特徴を持っているから、犯人捜査の有力な手がかりとなる。

その三個を相互に対照した結果、同一人物のものと判明。ここから本格的に、私たち指紋係官たちの地道な作業がスタートしたのである。まず、問題の掌紋を右手と推定。幸運なことにその紋様はかなり稀なものだった。普通、てのひらの隆線は、内側（親指のある側）から外側に向かって流れるように、まっすぐか曲線を描いて伸びているが、問題の掌紋は外側を中心方向として半円を描いていたのだ。確率的にいえば一〇〇人中、七人という特異な紋様だった。

それからは、ひたすら神奈川県内に保管されている「掌紋カード」と照合していく作業が始まった。

まずは事件があった神奈川県警に保管されているカードとの照合だ。選ばれた五人の指紋係官が作業に打ちこんだ。

指紋と違って掌紋は、まだ分類方法が確立されていなかったので、保管されているカードを一枚一枚順番に照合していくしかない。多いときはひとりで一日に五〇〇〇枚近くも照合した。しかもフッと気を抜いて見落としでもしたらそれまでの苦労が水の泡と消えてしまうことになるので、気を緩めることができない。

指紋係官たちの職業病は、目の疲れと、偏頭痛だといわれる。椅子に坐ったまま、毎日何千枚という指紋や掌紋をルーペで見ていくわけだから、当然といえば当然である。その過酷さに耐えるバックボーンになっているものは、「犯人を割り出す」という厳しい使命感だ。

四〇万枚めについに発見！

さて、結局、県内に保管されているカードのなかには、同一のものは見当たらなかった。このとき見たのは約一五万枚であった。

県内で見つけることができなければ、つぎは隣接の警視庁に当たることになる。警視庁が保管しているカード約二五万枚をあたったが、これまた該当するものはなかった。まだまだ諦めない。神奈川県保管のカードはひととおり見たとはいえ、その後も新たなカードがつくられているわけで、そのつど新規のカードが送られてくるので、それもまたチェックしていた。

そして、事件発生から五ヵ月がすぎようとしていたある日、ついに、見つけた。追加で送られてきた神奈川県内作成のカードのなかに、酷似したカードが見つかったのだ。めずらしい掌紋だったので、一目見た瞬間に、

「似ている！」

と感じたのである。

約四〇万枚を見た果ての直感である。高なる胸を抑えながら、レンズを近づけると、やはりそっくりだ。隆線の特徴を比較対照した結果、ピタリと一致した。

犯人は、県内に住む土木作業員。そのカードを見つけた日の二週間ほど前に、別件の泥棒で逮捕された男であった。そのときに採取された掌紋がきっかけで犯人であることが判明したわけだ。

犯人にしてみれば、ちょっとしたはずみの泥棒だったかもしれないが、悪運がつきたというのか、現場に残した部分的な掌紋によって、「火炎瓶による郵便局強盗」の犯人と決

めつけられたのである。ちなみに犯行の動機は、競輪、競馬などのギャンブルで負けた借金の返済のためだった。

この事件で見たカードは四〇万枚を超えていた。五カ月間、ひたすら犯人の掌紋を追いかけて机の上のカードと格闘した日々だった。

そこにはもはや執念と忍耐と粘りしかない。この事件はそういう意味で、指紋係官たちの仕事を象徴するような事件だった。

事例② ホテルの風呂桶に沈んでいた茶碗

犯人の不思議な行動

指紋を採取する場所が特別な部屋でないかぎり、被害者や犯人以外にも多くの一般人の指紋が残っている。そのなかから犯人の指紋を絞りこむのは、先に紹介したように出入りしたと思われる人たちの指紋を採取して、その指紋を「落として」いく作業が必要となる。ただし、殺人事件などのなかには、犯人しか触っていないと思われるものが結構あったりするわけで、それが発見されれば犯人の指紋の特定はかなりやりやすくなる。たとえば、指紋がついた凶器が見つかったり、血液のついた指紋が発見されたときなどだ。

この事件も比較的早い時期に犯人の指紋を絞りこむことができた。

一九七〇年代初頭、ある年の夏、首都圏のある大きな駅の近くのホテルで、殺人事件が起きた。いわゆる連れこみホテルだ。

従業員が清掃のためにその部屋に入ってみると、三十代から四十代と思われる女性が布団のなかで死んでいた。部屋のなかは多少乱れていたものの、出血などの跡はなく、首を締められて殺されたものと見られた。

連れこみホテルだから当然連れの男性がいたはずで、その男が犯人である可能性がきわめて高い。連れの男の指紋を割り出すことができれば、捜査の有力な手がかりになることは間違いなかった。

幸運なことに、この犯人は不思議なことをしてくれていた。部屋のなかにあった風呂桶のなかに湯呑みが投げこまれていたのだ。タイル張りの結構立派な風呂だったが、風呂桶のなかには、お湯がそのまま入っており、どういうわけか、そのなかにホテルの湯呑み茶碗が沈んでいたのである。

おそらく、指紋を残すまいと思った犯人が、手で握った湯呑み茶碗を湯のなかにつけておけば消えてしまうだろうと判断したのだろう。殺害で気持ちが動転し、焦る気持ちのまま、とっさに湯船のなかに投げこんだものと思われた。

指紋係官は、湯船のなかから慎重に湯呑み茶碗を取り上げて乾燥させた。指紋は、汗や脂をはじめとする分泌物によって残されるから、摩擦したり洗ったりしていればあるいは消えてしまっていたかもしれないが、犯人はそのまま投げこんだだけらしく、まだ消えずに残っていた。

ちなみに、指紋は触った力の大きさよりも、触った時間の長短によってその鮮明さが違ってくる。湯呑み茶碗やグラスというのは比較的長時間触ることが多く、比較的鮮明に残っていることが多い。

タオル入りビニール袋に残された指紋が犯人を特定

さて、もうひとつ、犯人が触ったと思われるものがあった。それは、ホテルが出すタオルの入ったビニール袋である。それを破いてタオルを取り出したのだろうが、これからも指紋が見事に検出されたのだ。

その湯呑みとビニール袋から検出された指紋を照合してみると、ピタリと一致し、しかも被害者やホテル従業員のものではないことが判明した。これでほぼ間違いなく、この指紋が犯人のものであると判断された。

ホテルのように不特定多数の人が出入りする場所で、犯人が触ったと思われるものを特定するのは非常に難しい。しかし、湯呑み茶碗やコップ、あるいはタオルの入ったビニール袋というのは毎回取り替えるものだから、犯行が行なわれたときのものと考えてまず間違いない。そして、複数のものから検出した指紋が一致したとなると、その指紋が犯人の指紋である確率はさらに高くなる。

指紋係官は、この指紋の指種を左手の人差し指（示指）と推定し、夜を徹して、保管資料との照合を進めていった。

約一週間後、該当の指紋は、保管資料から発見された。そして、指紋から割り出された中年の男は、この事件の容疑者として数日後に逮捕されることとなったのである。

ここでも、現場から採取した指紋と、警察が地道に収集、管理していた保管資料が犯人逮捕の大きなきっかけとなったわけだ。

だいたい大きな事件を起こす人間は、それ以前にもなんらかの事件を起こしていることが多い。特に、強盗、窃盗、詐欺などの犯罪は繰り返し犯してしまうようで、しっかりと保管資料が残っていることが多いのだ。それゆえ、現場指紋から犯人が割り出される可能性が結構高いのである。

事例③ 殺人犯を割り出した「合成指紋」

殺人現場に残ったふたつの指紋

指紋というのは読者の方々も想像がつくと思うが、はっきりと綺麗な形で現場に残っているとは限らない。むしろ、指のごく一部しか残っていなかったり、非常に不鮮明だったりすることのほうが多い。

そうした恵まれない条件のなかでどうやって犯人の指紋を割り出すかというと、それはやはり熟練した指紋係官の経験と勘に頼る部分が非常に大きい。

これから紹介する事件は、そうした鑑識活動の代表的なものである。

それは一九七〇年代中頃のこと。首都圏のある地方都市、海が近い民家で殺人事件が起きた。家の離れに住んでいたその主が、離れの外で何者かによって殺されていたのだ。部屋の中には争ったような痕跡はない。現場のようすから推察すると、犯人に追いかけられた被害者が離れの外に逃げだして、そこで刃物で殺害されたようだった。

現場を中心に、徹底した鑑識活動が行なわれ、指紋係官も鑑識も数多くの指紋を採取した。

先の事例でも紹介したように、採取した指紋のなかから犯人以外の関係者の指紋をふるい落としていかなくてはいけない。どれだけの関係者から協力を得られるかが捜査の重要なポイントとなる。

たくさんの刑事が地道に関係者を割り出し、捜査への協力を依頼して歩く。方々から集められた指紋と現場で採取した指紋を照らし合わせながら、犯人ではない関係者の指紋をふるい落としていった。

そうして最後に、数個の指紋（遺留指紋）が残った。そのなかで、気になる指紋が部屋の中央にあったテーブルと、枕もとに置いてあった目覚まし時計から検出された。ただし、両方とも指のごく一部で、しかも不鮮明。特徴がよくつかめない。保管資料と照合するにはあまりにも不充分な状態であった。

ただ、ふたつとも渦巻き状の指紋ではなく、蹄状紋という種類の指紋であることはわかった。隆線が流れている方向もわかる。

ここで、長年の経験と勘が一瞬ひらめくことになる。

「ひょっとして、このふたつの指紋は同一人物の、しかもおなじ指の指紋ではないか」

その勘に基づいて、その二ヵ所から採取した部分的な指紋を合成してみると、保管資料と照合できる一個の指紋ができあがった。全体としても不自然な感じはない。

ふたつの指紋は、どうやらおなじ指のものであるようだ。もし、この判断が間違いないとすれば、これで照合を進めることができるわけである。

しかし、こうしたやり方はリスクが非常に大きい。二カ所から採取した現場指紋で一個の指紋を合成した場合、もし間違っていたときは、照合作業のすべてが無駄になってしまうからだ。

このケースは結果として成功した非常に珍しい例なのである。

問題の指紋は、何指の指紋？

さて、照合を進めるにあたって、つぎに問題になるのが、その指紋がどの指の指紋であるかということだ。右手なのか、左手なのか、親指なのか、人差し指なのか。それを決めこんでいかないと作業が非常に困難になる。

いまでこそ、指紋はコンピュータで保管されていて、採取した指紋を処理し、コンピュータに入れこむと、鮮明度のよいものは自動的に同一の指紋を割り出すことができるようになったが、先にも説明したとおり、当時の保管資料は、分類番号をつけたただのカードだった。左右一〇本の指が押捺された十指指紋のカードと、一本一本の指が押捺された一指指紋のカードである。

いずれにしても、こういうシステムだったから、採取した指紋がどの指の指紋かということが判明しないと、照合は非常に困難をきわめることになる。

さて、合成したその指紋は、いったいどの指の指紋だったのだろうか。

それを推定するには、指紋がついている場所、紋様、大きさなどを総合して判断する必要がある。ここでも経験に基づく的確な判断と勘が求められることになる。

紋様でいえば、蹄状紋というサイドに流れる紋様は、小指側（外側）に流れる紋様が多い。渦状紋の場合、渦巻きの巻き方でいえば、左手で押した場合は右巻き、右手で押した場合は左巻きが多い。しかし、これはあくまで経験からみた傾向なので、決定的な要素ではもちろんない。

さらに、目覚まし時計を握るときは、かならず親指を使い、反対側には人差し指、中指などの指を使って挟んだだろうという推定もできる。

そうしたことを総合的に考え合わせると、問題の指紋は、左手の親指（拇指）だという結論に達したのである。

さて、つぎはいよいよ照合だ。本当は殺人事件でもあるし多くの人員をかけたいところだが、なにしろ前例のない「合成指紋」で、本物かどうかの確証がなく、リスクの大きい照合作業だったので、対照人員は限られてしまった。せいぜいふたりが限度だった。

ところが、照合作業に入って一週間ほどしたころ、その「合成指紋」とピタリと一致する指紋が発見されたのだ。合成指紋は、採取された状態である二個の指紋に戻され、各個別に発見された指紋と厳密な照合が行なわれ、それぞれ一致することが確認されたのだ。

「指紋の該当者が出ました！」

その内容は直ちに捜査本部に速報され、該当者について慎重な身辺捜査が行なわれた。その結果、指紋の該当者は容疑者と断定され、逮捕された。容疑者は事情聴取のなかで、犯行を認めた。

この事件は、指紋係官の経験に基づく鋭い感性がものをいった非常に稀な例であった。指紋の分野にコンピュータの導入が図られ、その運用が始まってからはや十数年、コンピュータ技術の発達とともに、以前は考えられなかったほどの目覚ましい成果が上がっている。

しかし、これらの事例にもみられるように、どれが犯人のものであるかの選別や、どちらの手のどの指かの推定、そしてコンピュータに入力するためのさまざまな処理や、出力された保管資料が一致するかどうかの厳密な検討と最終的な判断などは、すべて熟練した指紋係官たちの地道な努力に託されていることも認識されるべきだろう。

第4章

足　跡

靴底には個性がいっぱい

取材協力

松本忠雄

元神奈川県警察本部刑事部鑑識課参事

足跡やタイヤ痕から犯人を絞りこむ

おなじ種類の靴底にも微妙な「製造特徴」の違い？

まず初めに断っておきたいのが、足跡というジャンルが独立してあるのではなく、足跡は「痕跡」というジャンルの一部分だということだ。この痕跡の範疇《はんちゅう》には、足跡のほかにも、タイヤ痕があったり工具跡があったり、その範囲は非常に広い。

そのなかでも一般によく知られているのはやはり足跡であろうから、ここでは足跡を中心にして、いくつかの痕跡について説明しようと思う。

まず、足跡に関しても、素足跡と履物跡に分けられる。素足跡というのは、いわゆる裸足の跡で、足の形状や指紋と同等の扱いができないわけではないが、大きな体重がかかるので、隆線が潰れることが多く、指紋よりもその扱いは難しいといえる。

むしろ、重要なのは履物跡だ。

履物というと、どれもこれもおなじように見えるかもしれないが、多くのことを教えてくれる。たとえば、その大きさや特徴から性別の識別が可能だ。そのサイズからだいたい

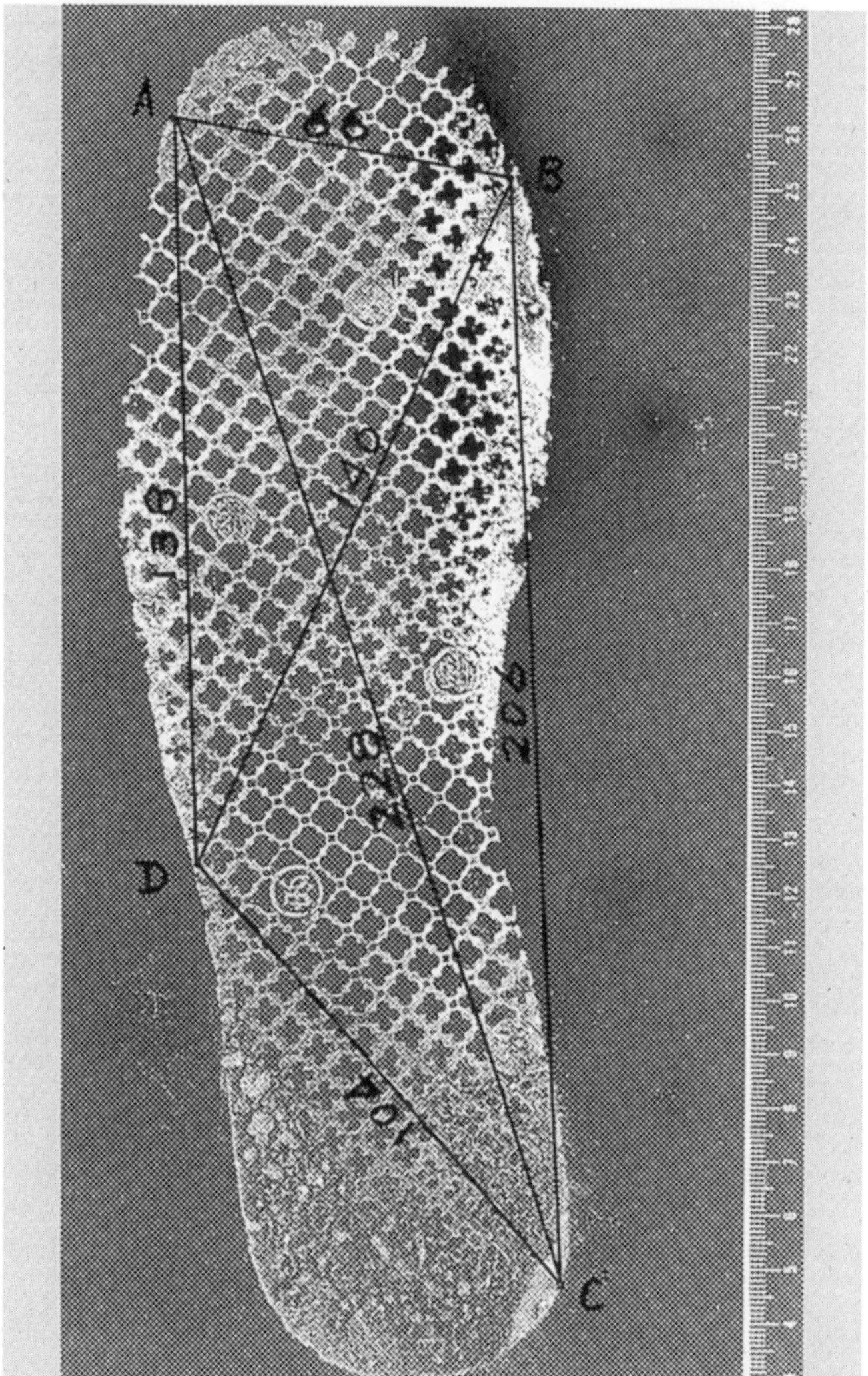

ある容疑者の靴底。靴底がもつ持ち主の情報は数限りない

の身長が見えてくる。また、靴底の減りぐあいから、内股やがに股など、歩くときに身についたなんらかの癖が見えてくる。こうしたことが捜査を絞りこむ手助けとなる。

また、製造特徴というものがある。おなじ種類の履物を数年にわたって製造していたとしても、そのときそのときで微妙な違いが生まれてくる。これを製造特徴という。たとえば、ゴムの靴底を切り抜いてつくるとき、すでに文様が入った長い帯状のゴムを、機械でバッサリと一個一個切り取って靴底にするのだが、切り取る際に微妙なズレが生じると、文様の位置もそれにつれてズレてくる。たとえば、爪先から八ミリのところに波状の文様が横に走っているものがあるかと思うと、かたや九ミリのところに波状の文様が走っているものもある、というような違いである。

さらにまた、最近は流しこみによる靴底が多く、これらには気泡がかなりの量で含まれているものである。そうしたものも製造特徴となるというわけだ。

こうしたわずかな違いを見つけ出すために、資料集めにはかなりの労力をかけることになる。たとえば、新しくつくられた靴の靴底を機会あるごとに収集し、それらを全部資料にして分類保管している。これで特注の靴など特別のものでないかぎり、識別が可能となる。

革靴は靴底に文様がないことが多いので、一般的にほかの靴よりも識別がたいへんだが、それでも丸いとか尖っているとか、その形状、大きさ、摩擦による減りぐあいなどで識別は充分に可能だ。

こうしたことは各業者の協力があって初めて可能になることである。あらためて感謝したいし、またそうしたことが今後あった場合は、ぜひご協力をお願いしたいところである。

履物跡から見えてくるもの

さて、現場で履物跡が発見されると、その採取をすることになる。テレビなどでも見られるように、土の上に残された履物跡は、程度の差はあれ立体的になっているから、石膏を流しこんで採取する。アスファルトや廊下など平面的な場所は、指紋採取とおなじようなやり方で、ゼラチン紙と呼ばれるセロハンテープのようなもので転写することになる。

ただ、指紋の場合のように、白い粉をふりかけるようなことは、現場が粉だらけになってしまうので、あまりしない。むしろ、とってきたものに粉末状のものをぬったり、まったく見えないものには斜光線・紫外線等の写真撮影により、文様をはっきりと浮きださせる。これを二次検出という。

さて、こうして現場から採取した履物跡がわかれば、保管資料に照らし合わせて、この履物跡の履物が何であるかを割り出し、捜査の手がかりにしてもらうことになる。メーカーはもちろん、いつどこで製造されたものかもわかる。販売エリアや、そのなかのどの店で販売したか、というようなことまでわかる場合もある。そうした情報のなかから、犯人像が見えてくることがあるのだ。

さて、履物跡は、捜査の手助けとしての役割のほかにも、犯人が逮捕されたときにそれが犯人であると断定する証拠能力ももっている。

履物の種類や製造年月日などがわかったとしても、大量生産しているのだから個人識別はできないだろうと思われるかもしれないが、そうではない。履物を履いていくなかでその人固有の傷や履き癖がついていくのだ。たとえば、先に書いたように底のすれぐあいなどもそうだが、ほかにも、靴底についた傷なども有力な識別材料となる。

たとえば、切り傷や穴、あるいは破片が挟まったりしていたとする。その場所が上から何ミリ、横から何ミリというような幾何学的計測に加え、その形状もおなじということになると、これは指紋とおなじように非常に高い確率で犯行現場に遺留された足跡の特定が可能になる。

幽霊でない限り、犯人はなんらかの痕跡を残す

ほかにも、工具痕というのがある。これは、ドライバーだとかバールなどの工具による

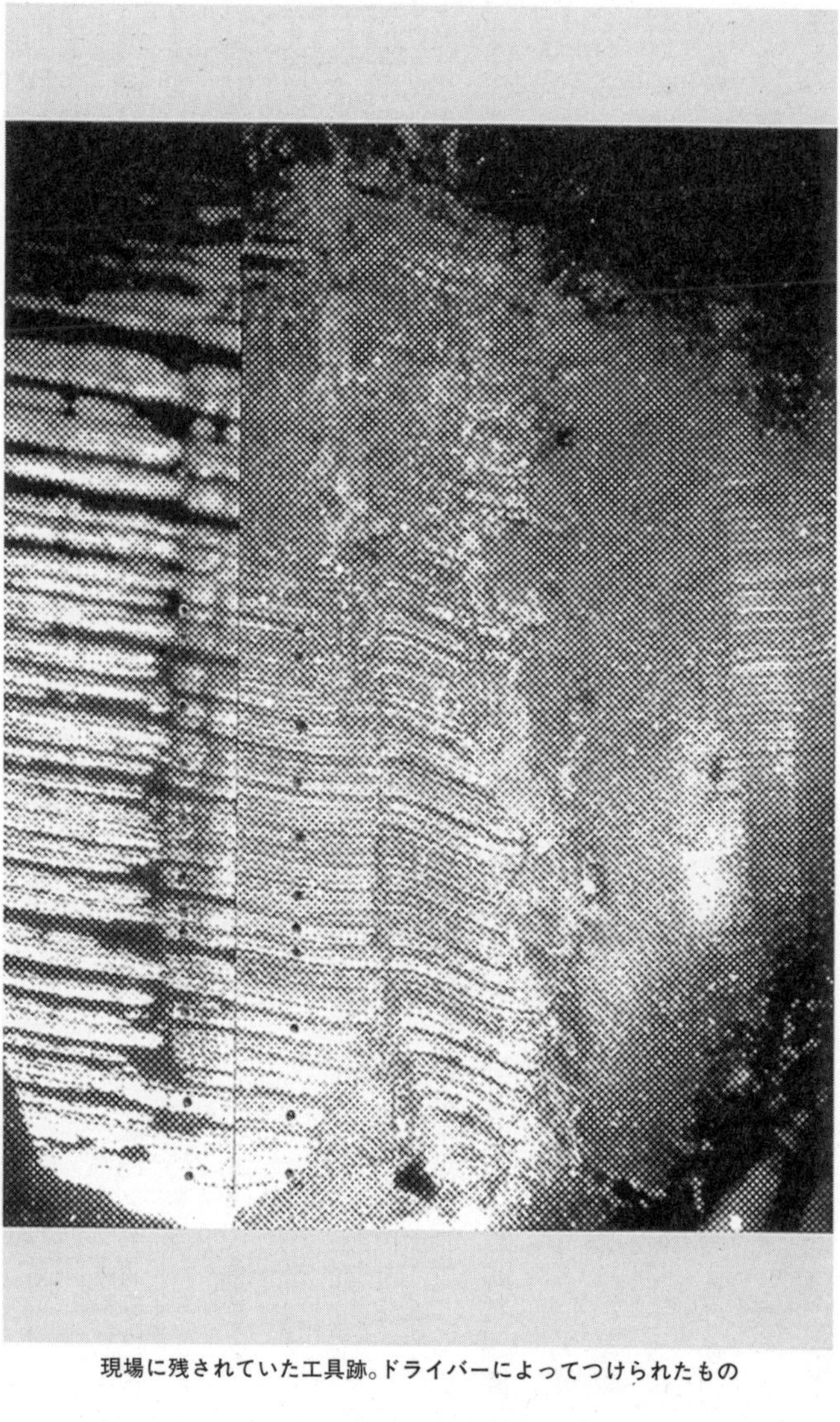

現場に残されていた工具跡。ドライバーによってつけられたもの

傷跡である。みんなおなじように見えるが、金属板などにひっかき傷をつけてみると、これも一本一本微妙な違いがあることがわかる。

たとえば、犯人がバールで金庫をこじ開けたり、ドアや窓をこじ開けたりしたとする。そうするとバールの支点の部分がズルッと擦れて、そこに傷跡がつく。その傷跡に刻まれた線状痕はかなり複雑な線が刻まれる。たとえば、右端から五ミリのところに、幅約〇・一ミリの線が出ており、左端から三ミリのところに幅約〇・五ミリの傷が走っているというふうに、バールによってさまざまな状態の線状痕が生まれることになる。

わかりやすくいうならば、バーコード的なものといえるだろうか。

こうしたやり方で、工具関係の照合はかなり高い確率で固有の工具を特定できる。

ほかにも、ひき逃げ事件などでかならず使われるタイヤ跡なども有力な痕跡である。特にひき逃げ事件は、被害者と加害者がまったく面識がないことや、その「出会い」も一瞬であることから手がかりが非常に少ないことが多い。そこで、タイヤ跡というのは、ひき逃げ事件では貴重な捜査材料や証拠となるのだ。

もちろんタイヤの種類や特徴は、履物跡と同様に細かな識別が可能である。

また、指紋を残すまいとして手袋をして犯行に及んだ場合は、手袋の跡が残る。軍手かあるいはほかの布手袋か、あるいは皮の手袋かなどと、これも細かい識別が可能になる。

さらに身体的なものとしては、額の紋、耳跡、唇跡なども有力な痕跡となる。額の紋などは、たとえば窓などからなかをのぞいたりしたときにつくわけで、そうしたことから身長なども見えてくる。耳跡や唇なども各個人の固有のものなので、有力な捜査資料や証拠となる。

このように、痕跡というのは非常に幅が広い。犯罪現場では幽霊でもないかぎり、まったく何の痕跡も残さないとは考えられないので、そういう覚悟でもって、捜査人は捜査を行なっている。人が歩けば足跡がつく。触れば指紋や手袋紋がつく。道具を使えば道具の跡が残るというふうに、なんとかして犯人の残したものに迫っていくのである。

事例①　靴底にはさまっていた旋盤屑

A市の周辺で起きた連続窃盗事件

それは一九六五～七五年ごろのことと記憶している。東京から電車で一時間半程度の位置にある中規模の地方都市で、数件の窃盗事件が連続して起きた。

盗まれた金額はそれほど莫大な額ではなかったように記憶しているが、発生した場所を調べてみると、ある地域の周辺部分でばかり起きている。仮にその地域をA市とすると、A市に隣接した地域で発生しているのだ。

そうしたことから考えると、この犯人はA市に住んでいるか、A市に職場があるか、なんらかの形でA市と深いかかわりをもっている人物と推定するのはごく自然なことだ。

さて、つぎにわかったのが、犯行に入られた家や店に残っていた足跡が共通していたことである。足跡も指紋の検出とおなじように、犯人以外のものも多く残っていることが普通だから、出入りしていた関係者の足跡を採取させてもらうことが必要だ。多くの人の協力を得て採取した一個一個の足跡をふるい落としていくと、犯人の足跡ではないかと思われる足跡が絞りこまれていった。

すると、数カ所の犯行現場に共通した足跡が出てきた。まったく関係のない、縁もゆかりもないところから、おなじ足跡が出てくるというのは、犯人以外には考えられない。靴の種類、大きさ、靴底の減りぐあい、そして靴底に刻まれた傷の数々。こうしたことがピタリと合うということは、同一人物と断定できるのだ。

靴底の旋盤傷と町工場の関連性

さて、そのなかで特に重要なのは、靴底に刻まれた傷だった。おなじ場所におなじような傷が刻まれてあったのだが、ある犯行現場に残されたおなじ傷の場所に、旋盤の削り屑が突き刺さっていたのだ。

旋盤の削り屑というのは、どこにでもあるわけではない。旋盤工など、そういった工場で働いていないかぎり、なかなかつかないものだ。

犯人は旋盤工であるという確証が得られたのは、A市のなかに実は、町工場が密集した地域があったからである。仕事が終わって、そのままA市に隣接している町まで出かけていって盗みを繰り返していたのだろう。これで、はっきりと犯人像が見えてきた。

その後、捜査班がどうやって犯人が勤めている会社に行き着いたかはわからないが、たぶん、その町工場を一軒一軒まわりながら、最近、金遣いが荒いとか、不審な行動が目につくとかいう社員がいないか調べ上げたのだろう。

そして、工場長などに事情を話して、

「彼の履いている靴はどれでしょうか」

などといって、犯行に使われた靴を手に入れたのだと思う。いわゆる靴を任意提出してもらったわけだ。

それで、その靴が鑑識にまわされてきた。検査をしてみると、やはりピタリと一致した。靴の大きさも種類も、そして問題の傷の位置も間違いなかった。これで確固たる証拠物件が手に入ったことになり、任意同行による取り調べで犯行を自供した。

このように、靴の形状や種類だけでなく、靴裏についたものが捜査の大きな手がかりになることがある。この事件では数ミリの旋盤屑が正体を暴いてくれたのだ。

事例② 体に残るひき逃げ事件の傷痕

レインコートに残された大きなタイヤの跡

私たちのように、痕跡を扱う事件のなかで非常に多い種類として、窃盗ともうひとつはひき逃げが挙げられる。

ひき逃げ事件は、先にも述べたとおり、被害者と加害者の関係が通常はないし、またその「出会い」も一瞬であることから、目撃者がいないかぎり、捜査はかなり困難をきわめる。そうしたことから、被害者に残ったタイヤ痕というのは捜査を進めるにあたって非常に重要な物証となる。

一九七〇年あたりの事件だったと記憶しているが、このころは車社会が急成長しているころだったから、非常に交通事故も多かった。私などは、それこそひき逃げ専門の鑑識員のような毎日だった。

警察に通報が入ったのは、朝の通勤時間だった。

「私の店の前に、血だらけの人が倒れています」

現場には、あきらかにひき逃げとわかる中年のサラリーマンが血まみれで倒れていた。通報者は商店の人。ドンッという音がしたので、店先に出てみると、男が血だらけになって倒れていた。ひき逃げしたと思われる車はもうそこにはない。その道路は、バスや大型トラックも通る比較的大きな道路だったにもかかわらず、事故の瞬間の目撃者は誰もいなかった。被害者は数時間後に死亡。

捜査は難航することが予想されたが、ひとつだけ有力な手がかりがあった。タイヤの痕跡である。

その日は雨で、被害者はレインコートを着用していた。そのコートの背部、腰部にタイヤの跡がボンッとついていたのだ。

その痕跡から読み取れる情報は、つぎのようなことだった。付着しているのは、タイヤの接地部分でなくタイヤの横っ面。つまり真っ正面からぶつかったのではなく、車の横側にぶつかって跳ね飛ばされた形の事故だったということ。

そして、痕跡からすると相当大きなタイヤだった。どう見ても乗用車ではない。当初は、トラックかダンプカーのタイヤだと考えられ、鑑識の結果、ダンプカーのタイヤであることがわかった。もちろん、メーカー、種類、製造年なども判明した。

なるほど、これだけ大きな車であれば、タイヤの正面でひかれなくとも、不用意な急ブレーキによるスリップで跳ね飛ばされ、大事故につながってしまうことはうなずける。

タイヤという凶器が残したもの

雨で濡れたレインコートを持ち帰って乾かしてみると、濡れていたとき以上にハッキリとタイヤ痕が浮き出てきた。濡れたコートは色が黒っぽかったのだが、乾かしてみると意外に明るめの色だったので、タイヤ痕がより鮮明に見えることになったというわけだ。

さて、ダンプという車種がわかったことで、捜査の絞りこみはかなり進んだ。事故現場周辺を調べてみると、工事現場があったのだ。事件当時、泥や建築資材を乗せた大きなダンプが何台もその事故現場を行き来していたのだった。

さっそく、現場で仕事をしているダンプのタイヤを細かく写真に撮った。その写真とレインコートに残されていたタイヤ痕の写真をおなじ大きさにして、重ね合わせてみると、そのなかの一台が見事に一致した。

ダンプカーなどは、工事現場を行き来するわけだから、タイヤにはそれこそさまざまなキズが残っている。切り傷、欠損、穴。それらはまるでそれぞれのタイヤの個性のようにバラバラで、まるっきり同一のものはない。ピタリと一致するということは、同一車と断定できるだけのものがある。

こうして、この事件は意外にも簡単に、そして早期に解決することができた。タイヤ痕がダンプカーという、独特のものであったこともその大きな理由だし、はっきりとした形で被害者の衣服に残っていたことにも助けられた。

結局、事故の全容はつぎのようなことだった。

その日、被害者は通勤する途中で、バス停に停まっていたバスに乗り遅れまいとして、右斜め後方から走ってきた。横断歩道ではないところを後方を確認せずに道路を横切るように渡ったときに、後ろから走ってきたダンプに跳ねられた。ダンプは、前方に停車しているバスを追い越そうと、右にハンドルを切ったときにスリップして右から走ってきた被害者を跳ね飛ばした、という顚末だ。

バスに乗りこむ人からは被害者の位置は死角だったし、すでに乗車していたバスの乗客からも、後方での出来事だったため誰も目撃することができなかった。非常にアンラッキーなことが重なって、ひき逃げ事件となってしまったのだ。

ひき逃げ事件は、被害者と加害者の日常的な関係がなく、時間的にも一瞬なので、手がかりが少ないということは前述したとおりだ。しかし、少なくともタイヤというのはある意味でいえば「凶器」であり、その凶器の痕が加害者に残っているということは、非常に大きな物証となりうるのである。この事件は、このことを明確に物語っていた。

第5章

筆　跡

文字に隠された「心の顔」

清水達造

元近畿管区警察局保安部鑑定官
法科学コンサルタント教会会長

事件の核心に迫る「筆跡」鑑定の威力

筆跡は、証拠価値が非常に高い

筆跡がどうして犯罪捜査に使われるのかというと、物証という点で非常に証拠価値が高いということがある。

犯罪が犯罪として成立するためには、当然、行為者の意思が重要になる。特に刑事事件では、その容疑者に犯行の意思があったかどうかということが大事なポイントとなる。その意思を見るという点で、文書というのは非常に重要な材料となりうるのである。

たとえば、口で自供をしたとしても、裁判になったとたんにその自供をひるがえすということは結構ある。あるいは、犯行に至る過程で、犯罪を犯すという意思が見られる言葉を吐いたとしても、録音でもされていないかぎり有力な物証とはなりえない。

ところが、文書としてそれが残っていたとすると、これは非常に有力な物証となりうるのだ。そして、その文書が明らかにその容疑者のものであるということが判明すれば、「そんな意思はなかった」とか「そんなつもりはなかった」といっても、説得力は弱いということになる。

つまり、文書というのは、そこに明らかに人間の意思が反映されており、しかもそれが目に見える形で残っているというのが大きな特徴なのだ。

その異常なほどの残忍性で世間を恐怖のどん底に陥れた、あの「神戸小学生殺人事件」でも、容疑者の少年の自宅から本人直筆のメモが出てきた。そして、そのなかに少女を凶器で殴り殺した事実が日記形式で記されていたことが、やはり重要な物証となったのは、記憶に新しいところである。

筆跡は、意図的に変えてもわかってしまう

さて、そこで登場してくるのが、筆跡鑑定である。

筆跡鑑定は大きく分けると、ふたつある。ひとつは、容疑者が本当にその文書を書いたのかどうかを検証、証明するためのもの。いわゆる容疑者を犯人であると断定するひとつの物証としての性格。そうした物証としての鑑定結果は、正式な鑑定書として法廷に提出され、被告と検察双方で争われることになる。

もうひとつは、まだ絞りきれない容疑者を絞りこむために、犯行現場などに残された文書やメモを分析するためのもの。つまり、そこから犯人像を割り出していくのである。性

別、世代、学習能力、教養、性格などを割り出していって、捜査の大きな手がかりとするのである。

まず、一番めの、犯人と断定する物証としての筆跡鑑定について、考えてみよう。

ここで問題になってくるのは、やはり、筆跡鑑定の信憑性ということだろう。特に、一般の方々は、筆跡鑑定にそれほど高い信憑性があるのだろうか、と疑問を感じることがあるのではないだろうか。たとえば、年齢とともに文字は変わっていくし、そのときどきの心理状態や書くときの現場状況は違っているわけで、それにともない文字も違ってきて当然だと考えるだろう。

なるほど、そういうことは当然ある。しかし、大事なのは筆跡の一部が変わっても、すべてが変わることはない。文字というのはその人の芸術観や書写技量の違いで、それぞれが異なった筆跡個性をもっている。その個性というのは、多少、さまざまな状況下で変化することはあっても、すべてを変えるということはできないのだ。まったく違った字になるというのは、人格そのものがガラリと変わらない限り、ありえないとさえいえる。

また、人は時に、作為的に筆跡を変えることがある。犯罪を犯すときなどはなおさらだろう。しかし、このときも、いくら他人の筆跡を真似しようとしても、自分とは違う字を書こうとしても、そのすべてを変えるのは困難だ。どこかに、日ごろその人が書いている個性というのが出てくるようになっている。

では、どういうところにそういった個性というものが出てくるのか、筆跡鑑定のときに見るポイントをいくつか紹介しよう。本来であれば、膨大な数のポイントがあるが、紙面の都合上、そのなかのごく一部だけを紹介しておくことにする。

(1) 字画形態の特徴

これは文字どおり、文字の形の特徴である。いくつかピックアップしてみよう。

・丸っぽいのか角張っているのか。
・大きい字なのか小さい字なのか。
・横の線、縦の線の長さはどうか。
・角の曲がりぐあいは、やわらかく丸い感じか、鋭く角張った感じか。「田」という文字の右上の角などにその癖が現われる。
・筆を下ろすとき、あるいは上げるときに、その筆圧のぐあいはどうか。いわゆる線の始まりの部分と終わりの部分のアクセントはどのようなぐあいになっているのか、強い感じか弱い感じなのか（毛筆や万年筆のほうがハッキリとわかるが、ボールペンや鉛筆でもわかる）。

・横の線が上にそり返っているのか、うつむき加減になっているのか。
・縦の線が外側にそり返っているのか、内側に丸まっているのか。たとえば、囗（くにがまえ）などに特徴が出ることが多い。左右の二本の縦線を外にそった形で書くのか、内側を丸く囲むような形で書くのかという癖を見る。もちろん基本はまっすぐだが、そのなかにもわずかな癖が見えるものだ。
・誤字、脱字。これには、はっきりと癖がある。

⑵　字画構成、文字形態の特徴

文字の形態よりもさらにディテールにこだわった特徴をつかむ。
・平行に走る複数の横線、あるいは縦線の間隔を見る。たとえば「三」という数字でいえば線と線のあいだの空間を広くたっぷりととる人もいれば、狭くくっつけて書く人もいる。
・線と線の角度を見る。たとえば、「飛」という文字であれば、右上の角を鋭角に書く人もいれば、丸っぽく書く人もいる。
・縦の線と横の線の交差の位置関係を見る。たとえば、「十」という文字であれば、縦の線のやや上側で横線を交差させる人もいれば、ちょうど真ん中あたりで交差させる人もいる。なかには下側で交差させる人もいる。
・横線の水平ぐあい。どちらかというと、右上がりが多い。

田 田
真 真
世 世
国 国
春 春
三 三
飛 飛
十 十
田中 田中

・縦線のまっすぐぐあい。下の線が左に流れたり、右に流れたりする人がいる。

・平行に走る複数の線の間隔がどの程度、等分割になっているかを見る。たとえば、「春」という文字であれば、上部の「三」のふたつの隙間が等しくなっているのか、あるいは、どちらかに偏っているのか、ということを見る。

・中心線が一貫しているかどうかを見る。たとえば、「田中」という文字がある。「田」と「中」のそれぞれの縦の中心線が、ズレないでほぼ一本の中心線として走っているのかを見る。美醜という観点からいえば、ズレないできれいに中心線が走っているほうが、もちろん美しい。

(3) 運筆の状況の特徴

これは、文字を書くときに筆をどのように運んでいるかを観察するものである。

・筆順。間違った筆順は、見る人が見ればわかる。

・筆圧。

・筆速。

・リズム。これはたとえば、一画、二画はつづけて書き、一瞬の間をおいてつぎの三画、四画を書く人もいれば、一画書いて、一瞬の間をおいて二画、三画、四画を書く人もいる。そのように文字を書くときのリズムというのは、それぞれ違っているものだ。

(4) **レイアウト上の特徴**

文字を書くときのレイアウト。葉書や手紙の宛て名書きなどで特に顕著に現われる。

・文字の頭をどこから書きはじめるのか?
・左右の空白の空きぐあいはどうか?
・行と行の空きぐあいはどうか?

ここで挙げたポイントはごくわずかである。ほかにもさまざまな観点から比較対照を行なう。さらにそこに、鑑定人の経験的考察を加えて、筆跡鑑定を行なうのだ。

筆跡から、犯人の何が見えてくるのか

さて、今度は、照合するべき文字がない、つまり容疑者が何も絞りきれていない状況のなかで、その文字から犯人像を浮かび上がらせるためには、どういうところを見ていくのかという話をしよう。つまり、筆跡から何が見えてくるか、ということである。

まず、おおまかな世代がわかる。それぞれの世代で流行した文字、あるいは言葉というものがあるから、そういうところから世代を見る。文字の形態でいえば、たとえば丸文字などはいまの四十代以降は書かないし書けない。また、昔っぽい言いまわしや高齢者でな

ければ使わない言葉などからも必然的に世代が見えてくる。

つぎは、性別。一般の方でも「女みたいな字だな」などといったりすることがあるように、男女の文字の違いというのはやはりある。全部がそうだとはいわないが、概して男女の特性は表われているものである。

また、誤字脱字、あるいは使っている言葉の難易度、文章の状態などから、その人の学習能力、知的レベルも当然見えてくる。そこから学歴や生活環境などを推測することもできるだろう。

また、特定の職業が見えてくることもありうる。たとえば、テレビをはじめとしてマスコミ関係者というのは、スピードを大事にするから、字が大きく乱暴な字を書く人が多い。いっぽう、学校、特に初等教育の教師は、わかりやすいきっちりとした字を書く人が多い。生徒に字を教える際、丁寧で美しい楷書で教えるからだろう。まさしく教科書どおりの字といった感じである。あるいは使っている専門用語などから、特殊な職業が見えてきたりすることも多い。

このように、ひとつの文章からは、さまざまなことが読み取れる。だから、犯行声明文などが公表されると、犯人像についてマスコミなどが即座に我々鑑定士に聞きにくることになるのである。

筆跡で性格も見えてくる？

また、これは少し余談かもしれないが、筆跡によってある程度の性格が読み取れることもある。もちろんこれは、完全に立証されたということではなく、あくまでも統計的な意味合いが強いことを断っておく。

まず、「大きな字の人はワンマンな人が多い」ということ。もっと広くいうと、自分に自信のある人、寛大であまり物事にこだわらない人の字は大きい。逆に、真面目で自己抑制のある人の字は小さいことが多いようだ。

また「興奮すると字は右上がりになる」ともいわれている。同時に、角張り、形態が崩れ、筆速、筆圧が大きくなる傾向がある。

「太っている人は筆圧が弱い」ということもある。これは筆圧が精神緊張の表われと関係しているからだと思われる。精神が緊張すると筆圧は総じて大きくなり、逆の場合は小さくなる。太っている人は痩せている人にくらべてどちらかというとノンビリ、ゆったりしている人が多いから、このような傾向が生まれてくるのだろう。

「非行少年の文字群には秩序がない」という報告もある。字の大きさ、文字の角張りの状態、文字全体の構成、全体との釣り合い、余白のぐあいなどの秩序がなく、てんでんばらばらの印象を与えるものが多いようだ。精神のアンバランス、自己抑制の弱さなどが文字に反映されているのだろう。

また一般に、雄渾豪放《ゆうこんごうほう》な字は自信のある元気な人、震え・渋滞のある字は、気の弱い人などともいわれる。

なるほど、用紙という限られた環境のなかで自己をどの程度に発動し、どの程度に抑制しているか、内的世界の反映と見ることはあながち間違いではないだろう。

しかし、先にも断ったが、筆跡による性格判断は確定したものではなく、あくまでもひとつの目安と考えたほうがいいだろう。

事例①　消えた九億円!!

九億円預けたのに「四億円の負債がある」?

これは係争中の事件なので、詳細なことは書けないことをまずお断りしておく。新聞にはまだひとつも報道されていない。秘密裏に裁判が進められているのである。しかし、私が文書鑑定してきた多くの事件のなかでも、あまりにもひどい事件なので、あえて取り上げてみた。

被害にあった中年女性を、ここでは仮にAさんとしておこう。Aさんの母親がある日、病気で亡くなった。それにともない、Aさんは母親の土地つきの家を相続した。

Aさんはすでに母親とは別の場所に世帯を構えて暮らしていたので、母親から相続された家はとりたてて必要なかったようだ。賃貸家屋として誰かに貸し出すのも面倒だったのだろう、結局、その家を売却することにした。

かなりの資産家と見えて、土地も広いし地価も高い場所だった。しかも上物もよかったようで、なんと九億円で売却することができたのだ。当然、それほどの大金を手もとに置いておく人間はいない。Aさんもすぐに銀行に預けなければということで、さっそく某銀行へ持ちこんだ。

接客担当したのは、その銀行の次長であった。別室に案内し、丁重にもてなしながら、こういうのであった。

「この大金はもちろんのこと、通帳や印鑑も家に置いていては危険です。当店が責任をもってお預かりします。通帳も印鑑も金庫で保管しておきますのでご安心ください」

なるほど、それほどの大金があるということが外部に知れたら、印鑑や通帳も危険であることは間違いない。天下の銀行に預けておけば、間違いないと考えるのは当然のことだろう。安心して、すべてを銀行に預けたAさんであった。

どの程度の期間がすぎてからかは定かではないが、Aさんはその後、まとまったお金が必要になって預金の一部を引き出すために、その銀行に出かけていった。

「すいません。○万円、引き出したいのですが」

「少々、お待ちください」

係の女性銀行員が受付を立ち、手続きをしに奥のほうへと歩いていった。しばらくして戻ってきた女性銀行員は、不審な表情を浮かべながら、こういったのだ。

「あのう、四億円の負債がありますが。当然、これ以上、お引き出しするお金はありません」

「…………」

Aさんはその意味がどういうことかわからず、思わず聞き返した。

「あのう、私は○○というものですが。○カ月前に九億円と印鑑と通帳といっしょに預けたはずなんですが」

そして再度調べてもらったが、やはり答えはおなじだった。

「やはり、四億円の負債があるだけです」

Aさんは、何がどうなったのか混乱してしまって、しばらくは返す言葉がなかった。真っ白になった頭のなかをなんとか整理してみても、やはり何が何だかわからない。九億円が跡形もなくなっていて、しかも四億円の負債があるとは……。

引出し伝票の文字は、Aさんの文字ではない！

Aさんが九億円を預けたときに担当をした次長はすでに配置換えになっており、その店にはいなかった。あったのは、Aさんが一三億円を引き出したというその引出し伝票だけだった。住所と氏名も書いてあった。印鑑も間違いなく自分のものが押してあった。

「こんなもの、サインした覚えはありません！　引き出した覚えもありません！」

ここから大事件へと発展していく。

裁判はまだ係争中なので詳細はいえないが、そのとき、現金と通帳と印鑑を預かった次長が怪しいことはいうまでもない。しかも、その次長は徹底的に逃げている。ゴタゴタが発生した時点で、銀行側がさらに別の支店へ転勤させてしまって、いっさい表に出さないようにしているのだ。

刑事事件として告訴していればそんなことはできないのだが、刑事事件で扱うとすると、訴えたはいいが一銭の得にもならない可能性もあり、あえてこの事件の場合は民事で進めている、ということであった。

そういう事情もあって、銀行側はきわめて不誠実。協力しないどころか、銀行に責任がおよぶことを恐れて、逃げているとしかいえない状態である。向こうの弁護士も、なかなかその次長を出そうとしない。

「裁判のなかで必要性が出てきたときには出すが、それまではいっさい出さない」といっているそうだ。

さて、その次長から事情が聞けないとなると、要は、本当にAさんが現金を引き出したのかどうかという点が問題になる。そこで、その引き出し伝票にサインしてある文字が重要になる。本当にAさんがサインしたものなのかどうか、ということが争点となってくるのだ。

そこで私の登場だ。

Aさんが引き出したときにサインしたという引き出し伝票の文字を見た。氏名や住所というのは日常生活のなかで頻繁に書くものだから、なおいっそう、その人の筆跡個性というのが明確に出る。仮に体調が悪かったり、急いでいたりして、多少の違いはあっても、その人のもつ個性というのは基本的には変わらない。そういう意味でも住所や氏名というのは、比較的、鑑定しやすいといえるだろう。

私は、Aさんに実際に自分の住所と氏名を何回か書いてもらった。それらを研究所に持ちこんで、引き出し伝票の文字とを比較してみたが、それはもう明らかに違っていた。一目でわかるほど違っていて、同一人物の文字とはとうていいいがたいものだった。

つまり、その引き出し伝票は、Aさん以外の誰かが書いたものなのだ。その誰か、というのは今後の裁判のなかではっきりとしてくるだろう。もし、問題の次長が書いた書類とか手紙とか葉書が提出されれば、真相は即座に解明されるに違いない。

いずれにしても、現段階ではここまでしか書けないのが残念だが、ともかく、なんともひどい話である。銀行に預けておけば大丈夫というのが普通の考え方だが、それさえもなんだか危ういことのように思えてくる事件であった。

事例② 銀行の金を社員がネコババ？

A銀行は金を「送金した」。B銀行は「受け取っていない」

もうひとつ銀行関係の犯罪で、係争中のものを紹介する。

これは銀行どうしの取り引きのなかで発生した事件。両方とも有名な大手銀行である。

あるとき、A銀行は数百万円のお金をB銀行に送金した。そしてA銀行はB銀行から

「間違いなく送金されました」という意味の受領書を受け取った。その受領書には当然のことながら、銀行名、支店名、担当者氏名、そして送金された日付が刻まれたスタンプがハッキリと押してあった。ところが、後日、B銀行からA銀行に、

「まだ、〇万円のお金が送金されてきていませんが、どうなっているのでしょうか」

という連絡が入り、A銀行の上司が送金担当の行員に問いただした。

「B銀行への送金はどうなったんだ？」

「エッ？　もうすでに送金していますが」

「まだ送金されていない、と連絡が入ったんだぞ」

A銀行の関連部署は大騒ぎとなる。しかし、書類を調べてみると、たしかにB銀行から受け取った受領書はある。日付や担当者氏名が明記されたスタンプも押してある。

では、これはいったいどういうことなのか。問題は、B銀行のこの受領書にスタンプを押した担当者から事情を聞かなければ、どういうことなのかさっぱりわからない。

B銀行に保管されていた、その日付とその担当者の受領書の控えを全部取り出して、一枚一枚チェックしていったが、A銀行から送金されたという受領書の控えはどこにもないではないか。

そして、さらに問題となったのは、A銀行が受け取った受領書に押してあるB銀行の担

当者の氏名の入ったスタンプは、B銀行の受領書控えのスタンプと微妙に違っているのである。つまり同一のスタンプではない。

　では、A銀行が受け取った受領書のスタンプはいったい誰が押したというのだろうか。そこで私のところへ、スタンプの鑑定の依頼がきたのである。

　筆跡の鑑定は人が書いた文字だけではない。印鑑やスタンプなどもその範疇《はんちゅう》に入っている。印鑑やスタンプなどはほとんどの場合、金銭が絡むことが多いので、やはり金銭トラブルのときにはかなり重要な手がかりとなるのだ。

切り貼りして偽造されたスタンプ

　さて、私はまず、担当者の氏名と日付が入ったB銀行のスタンプを調べることにした。ひとりの行員が一日に扱う量はたいへんなもので、全部で百数十枚の受領書控えを一枚一枚ていねいに調べ、問題のA銀行の受領書のスタンプと照合していった。

　そうすると、やはりA銀行の受領書に押してあるスタンプは、B銀行にある受領書控えに押してあるスタンプと微妙に全部違うのだ。

「これでは解決の糸口さえも見当たらないな」

　このまま闇のなかに葬られるのかと思いつつ、さらにていねいに調べていくと、一枚だけA銀行の受領書に押してあるスタンプとまったくおなじものが出てきた。その受領書控えは、当然、A銀行に送った受領書の控えではない、別の控えだったが、これで事件解決の糸口がつかめたと思った。

つまり、こういうことなのだ。B銀行の担当者は、いつも使っているスタンプを微妙に改ざんして、そのスタンプでもって受領書に押印し、それをA銀行に渡した。A銀行に送った受領書の控えは当然、証拠隠滅のために処分したのだろうが、まったく別の受領書の控えに何かのミスでその偽造スタンプを押してしまったのだろう。それがこのとき出てきてしまったのである。

事実、調査を進めていくなかで、いつも使っているスタンプに非常によく似た、けれども微妙に違うスタンプをつくったことが判明してきた。どうやってつくり直したかというと、カッターナイフでもって通常のスタンプをうまく「切り貼り」してつくったのである。

裁判はまだ係争中なので確定はしていないが、B銀行の担当者がA銀行から送金されてきたお金をネコババしたことは、ほぼ間違いないだろうと思っている。

大金が目の前で日常的に流れていく銀行という世界。いったん「なんとかこの金を自分のものにしたい」という悪夢にとりつかれると、何をしでかすかわからないという恐ろしさがある。そんなことを思った事件であった。

第6章

ポリグラフ

体は心のリトマス試験紙

大西一雄

元大阪府警科学捜査研究所人文課長
元大西ポリグラフ検査所代表

質問法しだいで力を発揮する「ウソ発見器」

ポリグラフ検査への認識はまだ発展途上？

ポリグラフ検査が我が国の犯罪捜査に利用されるようになって、すでに四十年がすぎた。このあいだ、最高裁は、ポリグラフ検査の証拠能力を肯定する判例を出し、世間一般においても「ウソ発見器」という俗称の認識ぐらいは浸透したようである。

しかし、そうした反面、法曹関係者にはなかなか理解されにくいという現状もある。あるとき、弁護士の集まりの席で

「ポリグラフ検査といえば、司法修習生のときに、あまりあてにならないものと教えられた。その程度の認識しかない」

というようなことを冗談まじりに話しているのを聞いたことがあり、非常に淋しい思いがしたものだ。つまり、一応その存在は知られているものの、正しい認識を得るにはまだまだ遠い、というのが本当のところのようだ。

さらに、警察におけるポリグラフ検査の利用件数は、私が現役時代から十六年経った時

点で増加していないどころか、減少しているようにも聞く。また、公判廷に証拠として提出される件数も増えていないようである。

これはなぜかというと、やはり、最近の判例では、その証拠能力は一応は認めながらも、証明力を否定するものもかなり多くなっているためだろう。

いずれにしても、ポリグラフ検査に対する知識と理解が深まらないかぎり、ポリグラフ検査の進歩はない。

対照質問法と緊張最高点質問法

さて、そうしたポリグラフ検査への信頼がいま一歩進まない原因のひとつには、いま多くの警察で行なわれているポリグラフ検査のやり方に問題があると思う。私の立場からいうならば、現行の検査は信頼できないと思っている。もっと厳しくいうならば間違っている。

まずは、このことを先に記しておきたい。

ポリグラフ検査には大きく分けて、「対照質問法」と「緊張最高点質問法」というのがある。多くの警察で行なわれているのは「対照質問法」と「緊張最高点質問法」の併用。私が支持しているのは「緊張最高点質問法」のみで、これは大阪府警などごく限られたところでしか行なわれていない。

このふたつの検査法は、どのように違うのだろうか。

対照質問法というのは、被疑事実全体に関する供述の真偽を総合的に判断する方法である。簡単にいえば、「あなたは○月○日に、○さんを殺しましたか?」とか「あなたは○さん宅から現金を盗みましたか?」という質問をして、「いいえ、していません」と犯行を否定したその言葉を嘘か本当か検査する方法である。

こういう検査方法が使われているのだが、こんな直接的な方法で真偽がわかるなんてことは、いまのところ証明されていない。もちろん、実務家のなかにはそうしたやり方を肯定する人もいるが、正確度はかなり低い確率だと思う。うがった言い方をすれば、こんなやり方で真偽がわかるのならば、検察官も裁判官も必要ないということになる。

いっぽう、「緊張最高点質問法」とはどういう検査方法かというと、これは、被疑事実全体に関する供述を問題にするのではなく、被疑事実に関連する個々の事実を否定する供述の真偽を判定する方法。

簡単にいえば、ひとつの事件が起きた場合、そのなかには犯人しか知りえない事実がたくさんあるはずなのだ。たとえば、凶器はナイフなのか出刃包丁なのか、そしてその凶器を川に捨てたのか、土のなかに埋めたのか、そうした個々の事実を知っているのかどうかを検査するのである。

質問する内容というのは、本当の犯人であればかならず知っているはずの項目。たとえば「いつ」「どこで」「何を」「どうしたのか」、この四つはかならず記憶として残っているはずなのだ。犯罪過程のなかで記憶に残らないものもあるかもしれないが、最低、この四つは忘れるわけがない。この、記憶に残っているはずの個々の事柄に関して、「知らない」といっていることが嘘か本当かを調べるのである。これがよくいわれる「秘密の暴露」である。

犯人であるか否かの問題は、この結果を証拠として捜査官が決めていくことになる。

「本人しか知らない事実」を突きつける

質問の内容は、たとえばこんな感じだ。

殺人事件が起きたとする。被害者は部屋のなかで刺されて死んでいた。犯人は風呂場の窓から侵入した形跡があった。

この場合、どういう質問をするか。

決して「○○さんを殺しましたか？」と犯行全体について質問するのではなくて、本当の犯人であればかならず知っているであろう、それぞれの事柄を質問するのだ。

侵入口に関しての質問であれば、つぎのような質問をする。

一、犯人は玄関から侵入しましたか?
二、犯人は便所の窓から侵入しましたか?
三、犯人は風呂場の窓から侵入しましたか?
四、犯人は縁側から侵入しましたか?
五、犯人は勝手口から侵入しましたか?
六、犯人は炊事場から侵入しましたか?

それぞれの質問に対して「知りません」と被疑者は答えるわけだが、そのときに、本当の犯人であれば「風呂場の窓から侵入しましたか?」という質問のところで、嘘をついている反応が出るのである。

そして、この質問を一回だけではなく、しばらく休憩をとったあとに、一から六までの質問の順番を入れ換えて、さらに三、四回繰り返すのだ。

そして、おなじところで反応が出れば、これは侵入口を知らないと嘘をついていると判断することになる。

そしてさらに、別の項目について質問をしてみて、それぞれ、犯人しか知りえない質問項目のところで反応が出れば、きわめて実行行為者としての疑いが高いということになる。

また、捜査官も事実を知らない、犯人しか知らない事柄に関しても、つぎのような方法で検査する。たとえば、殺人に使った凶器がどこに処分されたか検査するときは、つぎのような質問になる。

「凶器の処分について質問します」
一、あなたは凶器を川に捨てたかどうか知っていますか？
二、あなたは凶器を草むらに捨てたかどうか知っていますか？
三、あなたは凶器を工事現場に捨てたかどうか知っていますか？
四、あなたは凶器を道端に捨てたかどうか知っていますか？
五、あなたは凶器を山中に捨てたかどうか知っていますか？
六、あなたは凶器を尋ねた以外の場所で処分したかどうか知っていますか？

もしここで、「川に捨てた」というところで反応を示したならば、殺害現場に近い川などを捜索したりして、捜査活動に大きく貢献することになる。

嘘をつくと、「呼吸」と「皮膚の電気抵抗」に変化が表われる

このように一概にポリグラフ検査といっても、多くの県警で行なわれている「対照質問法」と「緊張最高点質問法」とでは、ずいぶん違うのだ。信頼性という点でいえば、私は

声を大にして後者のほうが高いといいたい。

話は前後したが、ポリグラフ検査の原理について少々触れておこう。

昆虫やその他の動物のなかには「擬態」を身につけたものがいる。たとえば、敵から身を守るために体の色を変えたり形を変えたりする特性だ。

これはある意味でいえば、ほかを欺くために「嘘」をついているといえるわけだが、そのときに、その体のなかには、当然なんらかの生理的な変化が生まれていると考えられる。

人間は、擬態という手法はもたないが、言語でもって他人を欺いたり、嘘をつくことができる。人間と虫や爬虫類とは当然違うけれども、人間も嘘をつくと、体になんらかの変化が出ることがあるのだ。

つまり、他人を騙して欲望を満たし、身を守ろうとしたときというのは、同時に、「バレはしないだろうか」という自分の身の危険性を感じる状態でもある。そういうときに、無意識のうちに体に微妙な変化が生まれるのである。

それを敏感にキャッチするのがポリグラフ検査である。

もちろん、そうした意識や感情と、体の変化の相関関係というのはまだまだ未開の部分である。どういうときにどのような反応をするのか、まだまだ研究しなければならない。

しかし、感情と生理現象が密接に関係していることは間違いないだろう。

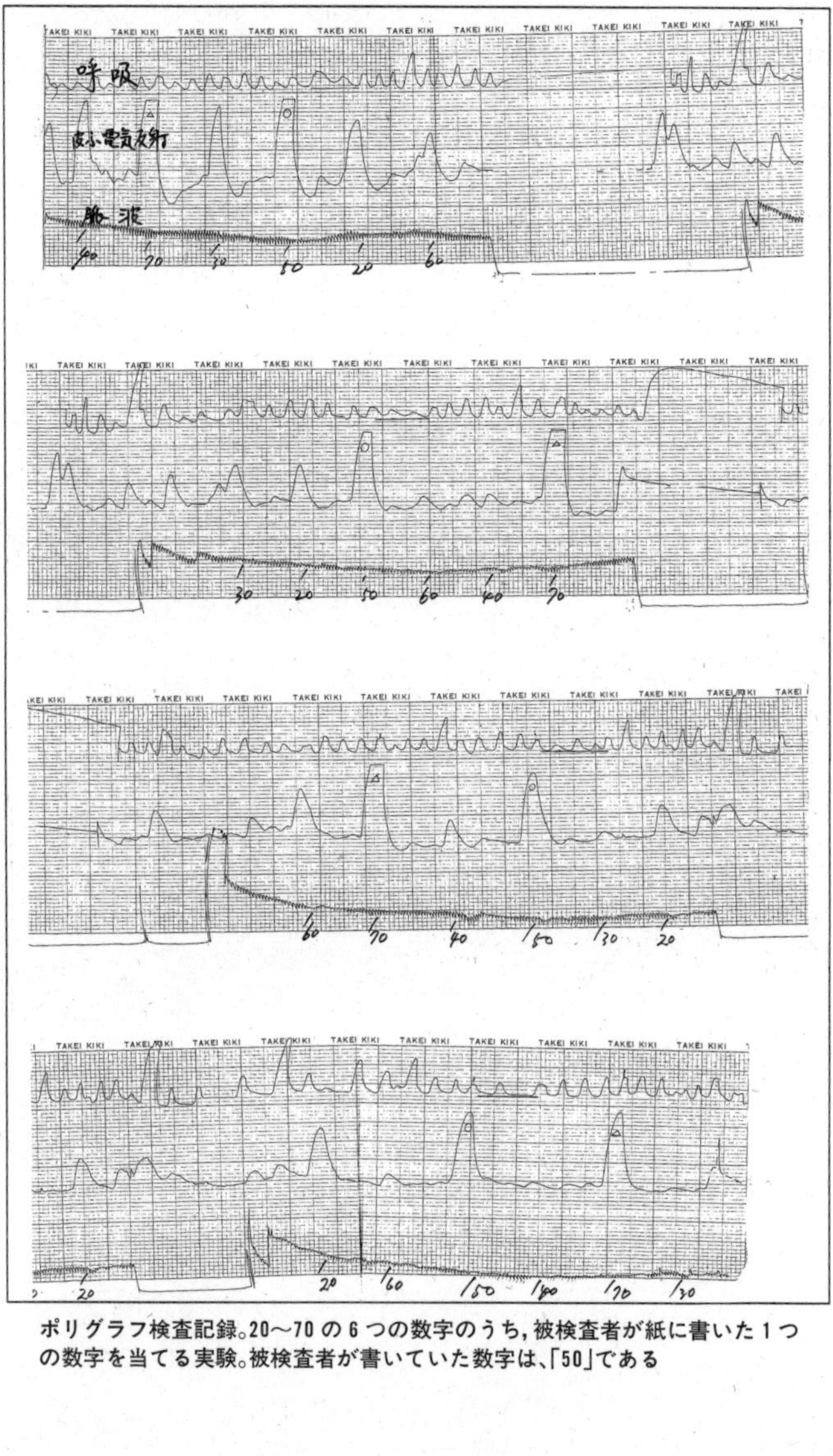

ポリグラフ検査記録。20〜70 の 6 つの数字のうち，被検査者が紙に書いた 1 つの数字を当てる実験。被検査者が書いていた数字は、「50」である

では、「嘘」を検査するのにどのような生理的な変化を調べればよいのか。

いろいろと研究されているが、現在のところ、まずは「呼吸」である。

よく「息がつまるような緊張状態」という言い方をする。これはまさにそうで、緊張すると、呼吸の波が一瞬止まってしまうことがある。止まるまではいかなくても、急にその波が小さくなる。

検査で一例をいえば、嘘をついた瞬間はある種の緊張状態になるから、嘘をついた直後は、呼吸の波が一瞬小さくなる。そして、しだいにまたもとの大きな波に戻るのだ。

また、「皮膚の電気抵抗の変化」を見る。

これは、てのひら、特に指先で見ることが多いが、嘘をついた瞬間というのは、皮膚の電気抵抗が一瞬下がり、電流がたくさん流れるようになっている。結果としてグラフには大きな波となって現われるわけだが、どうして、そのような現象が起きるのかは明確にはなっていない。それに関しては冷や汗との関連を指摘する人もいる。

いずれにしても、ビッと一過性の変化を示したあと、またもとに戻るのである。

さらに、「血圧」や「脈」を検査するが、正直いって、これに関しては現在のところまだまだ研究の余地があると私は思っている。

やはり「呼吸」と「皮膚の電気抵抗の変化」がもっとも信頼がおけると思う。

検査の前には模擬テストが必要

さて、検査方法について、追加しておきたいことがある。それは、かならず検査の前には模擬テストを行なうべきだということだ。その理由は、大きく分けて以下の三点がある。どんなに優れた検査方法を使ったとしても、やはり人間は千差万別。おなじような反応を示さない場合もありうる。また、普通とは異なった体の状態、精神の状態があることも予想されるし、薬物などを飲んでいたら正常な検査は不可能だ。そういう意味で、検査の適格者かどうかを調べるためにはかならず、事前の模擬テストを行なう。

また、このような検査を受けるのはほとんどの人が初めてであるから、事前にこういう検査をしますよ、ということを示してあげて、検査への納得と理解をしてもらうためにも必要となる。さらに、嘘の返事をした場合に、どのような反応を示すのか、一応の目安を得る目的もある。

さて、その内容はというと、たとえば、二〇、三〇、四〇、五〇、六〇、七〇という数字のなかで、検査官にわからないように、どれかひとつだけ数字を紙に書いてもらう。そうして、検査官が、

「あなたが書いた数字は、二〇ですか？」

「三〇ですか？」

「四〇ですか？」

と質問をし、そのたびに被験者は

「いいえ」

と答える。すると、必然的に七つの質問のうちひとつだけ嘘の返答をすることになる。そして、嘘をいったときに適正な反応が出ているかを見るのである。それから、的中した人のみを「適性者」として、検査の対照とする。

その正確度は、控えめにいって、八割程度である。

国松長官狙撃事件で使われた拳銃はどこにある？

余談になるが、オウム事件のなかで国松長官狙撃事件というのがあった。そのなかで「私が撃った」という巡査長がいて、世間が大騒ぎしたことがあった。

彼はその拳銃を神田川に捨てたと供述したが、多数の捜査員を動員してお茶の水周辺の神田川を調べてみても、問題の拳銃は出てこなかった。

結局、犯人が誰なのか有力な手がかりが見つからないまま、マスコミからフェイド・アウトしていったけれども、こうした場合でも、ポリグラフ検査は力を発揮するはずなのだ。

国松長官狙撃事件で銃撃現場を検索する捜査員。長官を撃ったと思われる拳銃はいまだ見つかっていない

まず、「神田川に捨てた」ということが嘘か本当かを検査するには、いくつかの拳銃の処分の仕方を質問していけばよい。

たとえば、

「処分してもらうために、教団の誰かに預けた」

「教団の誰かのところに、郵送した」

「供述場所以外の水のあるところに捨てた」

「埋めた」

「壊した」

「どこかの屋内に隠してある」

などなど、いくつか考えられる処分の仕方を質問していけば、彼がいっていることが嘘か本当か見えてくると思う。

仮に、「供述場所以外の水のある場所に捨てた」に反応が出たならば、「神田川に捨てた」という自供そのものが嘘ではなかろうか、ということになる。

そして、つぎは供述場所以外の河川、池、海など、水のある場所を挙げて質問していく。

「隅田川に捨てた」

「多摩川に捨てた」

「お堀に捨てた」

「神田川のほかの場所に捨てた」

「下水道に捨てた」

「近くの小さな川に捨てた」

「海に捨てた」

「池に捨てた」

などというふうに質問していくのである。

そうすれば、なんらかの参考になる事実が浮かび上がってくるかもしれない。

さらに推理して、巡査長の言動すべてが替え玉としてのものであったと考えると、それを直接指示した人物は誰であったか、という検査も可能である。オウム教団の名前を尋ねていけばよいのである。

事例①　横領した金を株に使った銀行員

忽然と消えた一〇〇万円

ポリグラフ検査を施す私たち検査官は、捜査活動は行なわない。持ちこまれた検査対象者に対して検査を行なうことが主な仕事なので、捜査そのもののディテールはわからない。そういうことを踏まえて紹介しようと思うが、これはポリグラフ検査が捜査の大きな手がかりとなった事例である。

一九六五～七五年ころのことだったと思う。大阪府内のある銀行で現金がなくなった。帳簿と現金の金額がどうしても合わない。一〇〇万円ほど不足しているのである。銀行業務の詳細は私はよくわからないが、一円でも合わないと問題になるのだろう。何度もやり直したのではないだろうか。それでもどうしても一〇〇万円足りない。これで大問題となってしまった。

「これは誰かがネコババしたのではないだろうか」

疑心暗鬼の空気が立ちこめるなか、関係者数人が疑いの対象となってしまった。

そこで、警察の介入である。科学捜査研究所のポリグラフ検査官だった私のところに検査の要請があった。

断っておくが、この検査をする場合は、かならず承諾書にサインをしてもらい、検査を受けることに同意したうえで検査をすることになる。本人が「嫌です。お断りします」ということになると、普通は検査はできない。ただし、警察でどうしても検査の必要性があると判断したときは、鑑定処分許可状をとって強制的に行なうことができるようになっている。

いずれにしても、この検査というのは、語弊があるかもしれないが、犯人にとっては大きな、ある種の踏み絵的な要素をもっているといえよう。検査を受ければほぼ間違いなく反応が出てくるし、拒否すれば警察からは疑いの目がいっそう光ることになり、周辺捜査の強化へとつながるのだ。

だから、やはりその実施に関しては、人権という視点からも充分な配慮と注意が必要だということをいっておきたいと思う。

「盗んだ金を株に使いましたか？」で大きく反応！

さて、その事件に関連した部署の行員が複数、ポリグラフ検査を受けることになった。

警察署内の取調室に専門の機材を持ちこみ、準備をする。

　検査を受ける人は、やはり誰しも相当に緊張したようすである。専用の椅子に腰かけてもらって、皮膚電気反応や呼吸、血圧などを調べる器具を取りつける。できるだけリラックスした状態になってもらい、まずは前述した模擬テストを行なう。そして、その適性を見て問題なしと判断すれば、いよいよ本番の検査へと入っていく。

　器具類のコードにつながれた被験者が神妙な面持ちで椅子に坐っている。私はその横に置かれた器具類の前に坐り、これで準備万端ということになる。私と被験者の位置関係はどうなっているかというと、被験者は正面を向いていて、私はその横で被験者の横顔を見られるような形で坐っている。

　本番の検査に入る前に、私は事前の説明を行なった。

「あなたは、今回、○○銀行内でお金を横領したのではないかということで疑われていますが、それに関して検査をこれから行ないますが、よろしいでしょうか？」

「はい」

　問題となる質問事項は事前に考え抜いて決めてある。私が行なっている緊張最高点質問法というのは、被験者が真犯人だとすれば本人しか知りえない事柄を聞くことになる。今回の事件で、犯人しか知りえない事柄とは何だろうか？　ひとつは、横領したお金を何に使ったか、ということだろう。犯人がお金を何に使ったか知らないなんてことは、絶対にありえない。

「もし、あなたが盗んだのだとすれば、そのお金を何に使ったか、知っているはずです。そういうことをこれから質問します。盗んでいないというのであれば、全部『いいえ』と答えてもらって結構ですよ」

「はい。わかりました」

「それでは、始めます」

「まず、あなたは、盗んだお金をまだ使わずに、どこかの銀行などの金融機関に貯金していますか？」

「いいえ」

被験者の声が静かに答える。ポリグラフには大きな変化は見えない。淡々と規則的なリズムが刻まれている。

「あなたは、盗んだお金を、家のどこかに隠していますか？」

「いいえ」

グラフに変化はない。

「あなたは、盗んだお金を、借金の返済に使いましたか？」

「いいえ」

変化なし。

「あなたは、盗んだお金で、何か大きな買い物をしましたか？」

「いいえ」

変化なし。

「あなたは、盗んだお金を、株に使いましたか？」

「いいえ」

そのときである。呼吸を示すグラフが、一瞬止まったように小さくなった。しだいにまた元の幅にゆっくりと戻っていったが、確実な変化がそこには見えた。また皮膚電気反射を示すグラフも、その瞬間、電流が大きく流れたことを示した。

——怪しい——

何事もなかったかのようにさらにつぎの質問をつづけたが、反応があったのは、やはり「株に使いましたか？」という質問の箇所だけだった。

ひととおりの質問が終わって、再度、今度はおなじ質問を順番を入れ換えて行なってみた。正確を期するために、こうしたことを三〜四回繰り返すのだ。やはり、おなじように「株に使いましたか？」という質問事項のところで反応が見られた。

「以上で、質問は終わります。今日はお忙しいところ、ご協力いただきまして、ありがとうございました」

以上で、ポリグラフ検査は終了だ。被験者の心中はいかばかりであったろうか。そうした心中の動揺は微塵も見せずに、その被験者は静かに帰っていった。

ポリグラフ検査は絶対に悪用してはならない

複数の被験者を検査し終わったが、怪しいと思われる反応が出たのはその人物だけであった。あとの人はすべて、問題ない。

私は、検査の結果を捜査陣へ知らせた。

「彼だけが『株に使いましたか？』というところで、はっきりと反応が出ました。疑いはかなり高いと思われます」

私の仕事は、ここまでである。

捜査陣は、私の報告を受けて、さらに突っこんだ捜査へと入っていったようだ。当然、その人物が、事件後に、株に大量の投資をしていないかどうか周辺の捜査が始まった。目星をつけた人物の、目星をつけた行動を捜査するのは、捜査側としてはたやすいことである。すぐにその人物が、株に大量の投資をしていることが判明し、そのことがきっかけで捜査は解決へと向かったのである。

この事件の場合のように、捜査へ大きな手がかりを提供するということは、ポリグラフ検査のひとつの大きな役割である。

ただ、ひとつだけ、警告しておきたいことがある。それは、捜査官がポリグラフ検査を悪用することがあるということだ。

ひどい捜査官になると、検査結果そのものを考慮するというのではなく、ただ自供させたいがために検査を利用することがある。検査の結果を検査官から何も聞いていないのに、あるいは何も疑わしき結果が出ていないにもかかわらず、

「おまえは嘘をいっているという結果が出ているぞ」

といって、自供させる手段に使うことがある。

記憶に新しいところでは、あの松本サリン事件がある。第一発見者の河野さんという方が、容疑者として大々的に取り上げられ、マスコミもいっせいに、さも犯人であるかのような報道をしたことがあった。結局、犯人はオウム真理教だったことがわかって、マスコミ報道のあり方が問題になったのだが、このときも、やはり、河野さんはポリグラフ検査を受けていた。そして、検査が終わったあとに、捜査官から、

「おまえが嘘をいっていることは明らかになった。本当のことをいったらどうなんだ」

と自供を迫られていたことが、その手記のなかに書いてあった。

その検査には私はかかわっていないので詳細はわからないが、普通に考えてもそんな反応が出るはずがない。やはり、自供のために利用したとしか思えないのだ。

こういう間違ったことが現実に行なわれる可能性があることも、戒めとしてあえて記しておきたいと思う。

事例② 体育館のマットのなかで少年が窒息死

マットのなかで息絶えた少年に何が起きたのか?

この事件は記憶している方も多いかと思う。一九九三年に山形県の中学校で、少年がマットに頭から押しこまれて窒息死するという事件があった。

この事件は、少年法のこともあるし、また、民事で係争中の部分もあるので、詳細は述べることができないが、これもまた私がポリグラフ検査を行なった事件である。

その少年を仮にA少年とする。A少年は日ごろから数人の同級生からイジメを受けていたようである。

ある日のこと、夜遅い時間になってもＡ少年は家に帰ってこなかった。不審に思った家族が学校に電話をした。

「まだ、うちの子が帰ってこないのですが、まだ学校で何かやっているのでしょうか」

「いや、生徒はもう誰も残っていないはずですが」

「じゃあ、いったいどこに行ったんでしょう？」

こうして、家族の方と学校関係者が学校内を探していると、体育館の倉庫のなかに置いてあったマットのなかからＡ少年が見つかったのだ。マットはロール状に巻かれた状態で縦に立てられていた。Ａ少年はそのなかに頭から突っこんだ形で、息絶えていたのである。

これで大事件となり、マスコミなども大騒ぎをすることになる。

翌日から捜査が始まり、関係したと思われる生徒からも事情聴取がなされた。そうしたなかで、Ａ少年は数人の同級生からイジメを受けていたことがわかってきて、事件があったその日も、同級生からイジメを受けていたということが判明した。

もちろん、最初から殺すつもりではなかったのだろうが、そのイジメの延長線上に、マットのなかに押しこむということがあったのではないか、という疑惑が浮上してきた。

放課後のクラブ活動などが行なわれていたいっぽうで、そういうことがあったのだから、誰かしら目撃していたとか、あるいは止めに入ったということがあってもよさそうだったが、そういった生徒はどうやらいなかったようである。

イジメは何人で行なわれたか？

そうしたなかで、私がポリグラフ検査をすることになった。

この検査は、初め、事件の「再審請求」にあたる保護処分取り消しを申し立てていた少年三人に対して行なったものである。付添人（弁護士）の主張によると、少年三人らはA少年をマットのなかに押しこんだのではなく、A少年の所有物をマットのなかに放り入れ、A少年がそれを取りにいって、結局出られなくなったのである、という。

とにかく非常に稀なケースだったので、質問構成をどうするかということに関してはずいぶんと苦労した。何を尋ねていけば、核心が見えてくるのか、なかなかわからないのである。

もし犯人であったならば、犯人しか知りえないことは、どういうことだろうか？

苦慮しながら、いくつかの質問を考えた。そのなかのひとつは、

「もし本当にやったのであれば、そのグループには何人の者が加わっていたのか」

ということだ。さまざまな事情を聞いたうえで、犯人であればかならず知っていると私は考えたのである。

山形で起きた中学1年生マット圧死事件。このなかで少年は逆さまま閉じこめられ、息絶えてしまった

そうして、三人の少年ひとりひとりに検査を実施していった。

「あなたは、A少年をマットに押しこめて殺したという疑いがかけられていますが、この疑いに関して検査をこれから行ないますが、よろしいでしょうか？」

「はい」

「もし、あなたがA少年をマットに押しこめたのならば、何人がそのグループに加わったのか知っているはずです。そういうことをこれから質問します。やっていないというのであれば、全部『いいえ』と答えてもらって結構です」

「はい」

「それでは、始めます」

「A少年をマットに押しこめたグループは、

全部で二人でしたか？」

「A少年をマットに押しこめたグループは、全部で三人でしたか？」

「A少年をマットに押しこめたグループは、全部で四人でしたか？」

「A少年をマットに押しこめたグループは、全部で五人でしたか？」

そのときの結果に関して、詳細は先に述べたような理由で申しあげられないが、この事件は刑事訴訟も終わり、民事訴訟に入って係争中だと思う。

なんとも、悲しい事件であった。

第7章

血　液

鑑識の未来を開く赤い液体

池本卯典

医学博士・法学博士
自治医科大学名誉教授

科学捜査を支える「血液型」の研究

おなじ血液型をもつ人は七〇〇〇億人にひとり

ふたりの人間が同一の血液型をもつ確率は、約七〇〇〇億分の一。

これは、四〇数種類の血液型伝標識から割り出される確率である。ＡＢＯ・ＭＮ・Ｐ・Ｒｈ式などの赤血球型、Gc・Hp・Tf・Gm式などの血清蛋白型、ＰＧＭ・ＰＧＤ・ＥＳＤ式などの赤血球酵素型、Pa・Pb・Pr式などの唾液蛋白型などを検出し、合算して求めた総合確立なのだ。

この確率には、四億近くにも分類される白血球型や、昨今話題のＤＮＡ型は加算していないので、これらを積算すれば、まさに天文学的な数となる。これらの血液型を決定する遺伝子の染色体上における座位も、そのほとんどが明らかにされている。

二二対の常染色体のうちの九番めにＡＢＯ、四番めにＭＮ、一番めの染色体上にＲｈ遺伝子が存在する。また、臓器移植を成功させる鍵を握る白血球型（ＨＬＡ）の遺伝子座位は六番めの染色体上にある。

また最近は、血液型遺伝子の構造も明らかになった。たとえば、A型とB型は一〇六二個のDNAで構成され、A型とB型の違いはDNAで七個、アミノ酸で四個にすぎない。そして、A型はN－アセチルガラクトサミン、B型はガラクトース、O型はA型やB型の前駆物質であるフコースという物質によってつくられる。これらを血液型物質と呼び、それらはいずれも糖脂質である。しかし、MN式血液型物質のように糖蛋白系の血液型物質もある。

このA型やB型に、それぞれの血液型物質を分解する酵素を作用させると、A型やB型の型物質は遊離され、いずれもその前駆物質、O型となる。逆にO型赤血球に、A型やB型物質を人工的に付加すると、O型はA型やB型に転換する。

さて、血液型はなぜ必要なのか。その謎はいまだ解き明かされていない。二、三の血液型と病気、赤血球の寿命などとの関係は予測されている。しかしこれは、いずれも血液型の属性といえる。血液型はなぜ必要か——結局その本質的意義は、いまのところ依然としてベールに包まれたままだ。

血液型性格判断の信憑性は？

血液型と性格や能力との関係を肯定し、おもしろおかしくまとめた著書がここ十数年来、ちょっとしたブームのようだ。ある企業では『A型はしとやかなので受付に』『B型は数に強いので経理に』『O型は積極的だから営業に』などと職業適性や人員整理の参考にしていると聞く。

また、人のABO式血液型の出現頻度は、A型約四〇パーセント、B型二〇パーセント、O型約三〇パーセント、AB型約一〇パーセントとなっている。血液型の裏話には、幕内力士にA型、国会議員にO型の多いことや、男性ガン患者にA型が多く、O型は梅毒に強いなどという物騒な話まで、とかく話題に事欠かない。

それらの真偽はとなると、我々には信じがたく反証を拾えばきりがない。そのひとつとして、大阪市の野球にめっぽう強いN高校の選手にはO型が多いというので、比較として一回戦で敗退する常連のX高校野球部員を調べてみると、やはりO型が圧倒的に多かったという笑い話もある。

ABO式血液型を決定する遺伝子は、九番め染色体の長腕下端に認められる。もし、ABO式血液型と性格や能力とのあいだに何らかの関係があるとすれば、それらを決定する遺伝子も、ABO遺伝子の近くになければ説明できない。だが、それを確かめた血液学者は誰ひとりとしていないのである。

また血液型が親子を決める、ということでは、中国残留日本人の方のルーツ探しに、血液型が一役買っていることがよく知られているが、実は、それ以上に親子鑑定の依頼数は多い。家庭裁判所や地方裁判所から私に鑑定依頼される件数は年間三〇件近かった。

それは嫡出子否認、つまり男性側が自分の子供ではないといって訴えたり、親子関係不存在の確認、つまり戸籍上の夫婦間に生まれた子供ではないことを確認する訴えなどである。

親子鑑定の方法は、遺伝子の応用にほかならない。三〇種類におよぶ赤血球、白血球、血清蛋白、血球酵素それに唾液蛋白の遺伝的多型、さらにDNA型を駆使して挑戦するのである。

子供は父親と母親の遺伝子を半分ずつ確実に受け継いでいるので、真の親子であれば、どの血液型を採血しても親子であることに相反するような型質の子は生まれない。

ちなみに、父子関係を偽りとして証明できる否定の総合確立は、九九・九パーセントを越え、限りなく一〇〇パーセントに近いといっていいだろう。

「不変」のはずの血液型が変わることもある

血液型は指紋と同様に、原則的には一生不変であり、まさに『真紅の戸籍』として人生を共にするといわれてきた。ところがそれが、一九五六年、アメリカの血液型学者ウィナー博士らの報告によって揺らいだ。

ウィナー博士は、慢性骨髄性白血病患者の血液型がなんとA型からO型に変化した症例を見いだして報告した。その後、各国の多くの研究者により、白血病やガン患者の血液型に変化が生ずることが明らかにされたのだ。

たとえば、A型がその抗原性をしだいに失い、A_2型、A_3型を経て、ついに、O型へと変わってしまうという症例である。しかし、血清中にA型には抗B、O型には抗Aと抗Bが含まれているという法則(ランドスタィナーの法則)は変わらない。つまり、血液型に変化が生じるということは、ランドスタィナーの血液型法則に適合しない血液型となってしまうことになる。

こうした、後天的な血液型の変化はＡＢＯ式に限らず、ＭＮ式やＲｈ式、ダフィー式、キッド式などの赤血球にまでおよぶ。

特に象徴的な血液型の変化は、骨髄移植における患者の血液型が提供者の型へ変化する現象だろう。

骨髄移植は、白血病や再生不良性貧血の治療法として注目されている、先端的医療法のひとつである。

その骨髄移植を成功させる鍵は、患者に不利な免疫反応を抑えることであり、それらは、患者と骨髄提供者の血液型が一致していることがもっとも望ましい。といっても、最初に述べたように、おなじ血液型をもつのは約七〇〇〇億人にひとり。血液型の完全に一致した人を探すことは、砂のなかの金を探すより難しい。一卵性双生児以外にはほとんど見当たらないといっていいだろう。

そこで、シクロスホリンなど免疫抑制剤の開発にともない、白血球型が一致していれば、ABO式血液型は不適合でも移植に踏みきる症例が増えてきた。

HLA型が適合していたB型の妹の骨髄を、O型の姉に移植した症例がある。

移植後、姉のABO式血液型は一度BとOのキメラ（混合）状態を経て、妹のB型に転換した。ABO以外にも、姉妹で異なっていた数種類の血液型はすべて妹のものに変化したのだ。

そして病状が良好なときは姉は妹の血液型を保持しつづけていたが、再発すると、ふたたび姉本来の血液型に帰り、患者はついに亡くなってしまわれた。

こうした、骨髄移植にともなうダイナミックな血液型の変化は、犯罪鑑識や親子鑑定にとって、まさに重大問題だ。幸いに血清蛋白型の多くや、唾液蛋白型は骨髄移植の影響を受けることなく、患者固有の血液型を保持しつづけているので救われる。

なお、同胞間の骨髄移植であれば、血液型は変わっても、血縁関係を否定するような問題は起こらない。

しかし、他人からの骨髄移植提供、つまり骨髄バンクから提供された骨髄を移植すると、遺伝子的には親でも子でもない血液型の親族をつくることになりかねない。それは、夫以外の男性の精液を用いた人工受精に似ており、当分は法律上の保護を必要とするのではないかと考えている。

犯罪捜査におけるDNA鑑定の信頼性は？

「DNA鑑定も指紋とおなじ精度に」「犯人特定を誤る確率は二六〇〇億分の一」

これは、米国連邦捜査局（FBI）が一九九七年十一月十二日に発表したと伝えたワシントン発の共同通信のレポートである（一九九七年十一月十四日）。

そのレポートによると、FBIは一九八八年から犯罪捜査にDNA鑑定を応用し、プロフットボールのスター選手、O・J・シンプソンの殺人容疑事件の捜査などに使用している。しかし、これまでは特定の人物を容疑者グループから除外しない程度の役割しか期待できなかったといっている。

今回の発表によると、従来のDNA鑑定では血液や精液など証拠資料から抽出したDNAを資料に、四種類のプローブ（求めるDNAを探し出すときに使われる）を用いて鑑定していたが、新しい鑑定法は六種類のプローブを用いることによって信頼性をより高めることに成功したという。

日本におけるDNA鑑定は、一九八九年を最初に、検査数は年ごとに増加し、一九九六年には一二一件となっている。

この八年間におけるDNA鑑定を犯罪別に見ると、殺人・死体遺棄事件二九三件、性犯罪二六六件、ひき逃げ四二件、その他六三件となっている。

一九八五年に英国で開発されたいわゆる「DNA指紋法」は、血液中の白血球や毛根、骨髄細胞の核から抽出したDNAを酵素で切断し、寒天プレート上で電気泳動法という方法によって泳動分離する。その後、バーコードのような数十本のDNAでできたバンドをつくり、対象者のDNAバンドと一致するかどうかを調べる方法だ。この方法は再現性の点に多少問題があり信頼性に欠けるデメリットもあった。

そこで、警視庁科学警察研究所は独自の方法を開発し、現在は第一染色体の特定部位と、第六染色体の特定部位のDNA型を検出している。

この二種類の鑑定方法による信頼性はDNA型とABO式血液を検出し、ふたりの日本人がおなじ型をもつ確率は、A型では二六〇人にひとり、AB型はなんと三億七千万人にひとりの割合と公表している（毎日新聞）。

事例①　保育園児殺人事件の証拠とされたDNA鑑定

被害者の下着に残っていた、犯人の精液からDNA鑑定

一九九〇年五月、栃木県足利市渡良瀬川河川敷で、当時四歳の保育園児が遺体で発見された。犯人はその影を見せず、被告のKが栃木県警に逮捕されたのは、事件から一年半経った、一九九一年十二月であった。

判決文から事件の概要を振り返ってみよう。K被告は、一九九〇年五月十二日、午後七時ごろ、足利市内のパチンコ店の駐車場で遊んでいたM・Sちゃんに、

「車に乗るかい」

と、声をかけた。M・Sちゃんはまるで魔物にでも取り憑かれたように被告の自転車の荷台に腰をかけてしまった。

被告は、M・Sちゃんを乗せて、近くの渡良瀬川河川敷に走った。犯罪の証拠資料から推定して、誘拐目的がわいせつ行為だったことは容易に想像できる。しかし、被害者が四歳の幼女であることを思うと、ここにその詳細を推理することははばかられる。

結局、渡良瀬川の川底から見つかった、M・Sちゃんの下着に付着していた精液から抽出したDNAが証拠資料になった。それの対象資料となったのは、被告Kの白血球から抽出したDNAである。

DNA型は、白血球、毛根、精液などのどれから抽出しても、おなじプローブを用いて検出する限り、その型は一致する。

証拠資料のDNA鑑定は、警察庁科学警察研究所法医研究室において、MCT一一八型を検出することになった。

被告のMCT一一八は、一八—二九型。

これが検出されたDNA型である。宇都宮地方裁判所における第一審においては、「DNA型鑑定の証拠能力に疑問はなく、自白も信用できる」として、K被告は無期懲役の判決を受けた。

K被告の弁護を担当したY弁護士は、DNA鑑定には批判的であった。第一審判決は、DNA型鑑定を過大評価しすぎている。自白は鑑定結果を過信した警察官に誘導されたとして、東京地方裁判における控訴審にのぞんだのだ。

しかし、控訴審判決は、地方裁判所の第一審判決を支持するものであった。

DNA鑑定については、「科学的、経験的根拠をもち、優れた検査法として開発された方法で、信頼性のある妥当なもの」として証拠能力を肯定した。また、鑑定資料の下着が鑑定までの一年間室温で保存されていた点については、「精子のDNAは、強固な蛋白質で保護されており、超定温で保存されていなかったからといって鑑定結果の信頼性が疑われるとはいえない」と、弁護側の反論を退けている。

さらに、警察官の自白誘導を誹謗した弁護士側の反論に対しても、「被告を取り調べた警察官らが誘導や強制を加えた事実はなかった」として、被告の自白は自発的なものと認定した。

この控訴審判決に対し、弁護人のY弁護士は、判決後の記者会見で、「判決は、DNA鑑定に過大の評価を与えた。DNA鑑定で犯人を決めつけられ、自白を強要される現代型のえん罪につながる恐れがある」と不満を述べ、上告する方針であることを明らかにしたのだ。

なお、このDNA鑑定について意外な報告が、マスコミを賑わせた。

それによると、ほかの検査機関でのDNA鑑定では、被告は、科学警察研究所法医研究室で判明したのとおなじ一八―二九型だった。しかし、幼児の衣服からは一八―三〇型が検出されたということである。

そのどちらが正しいか、いつかどこかで争われるに違いないと思う。

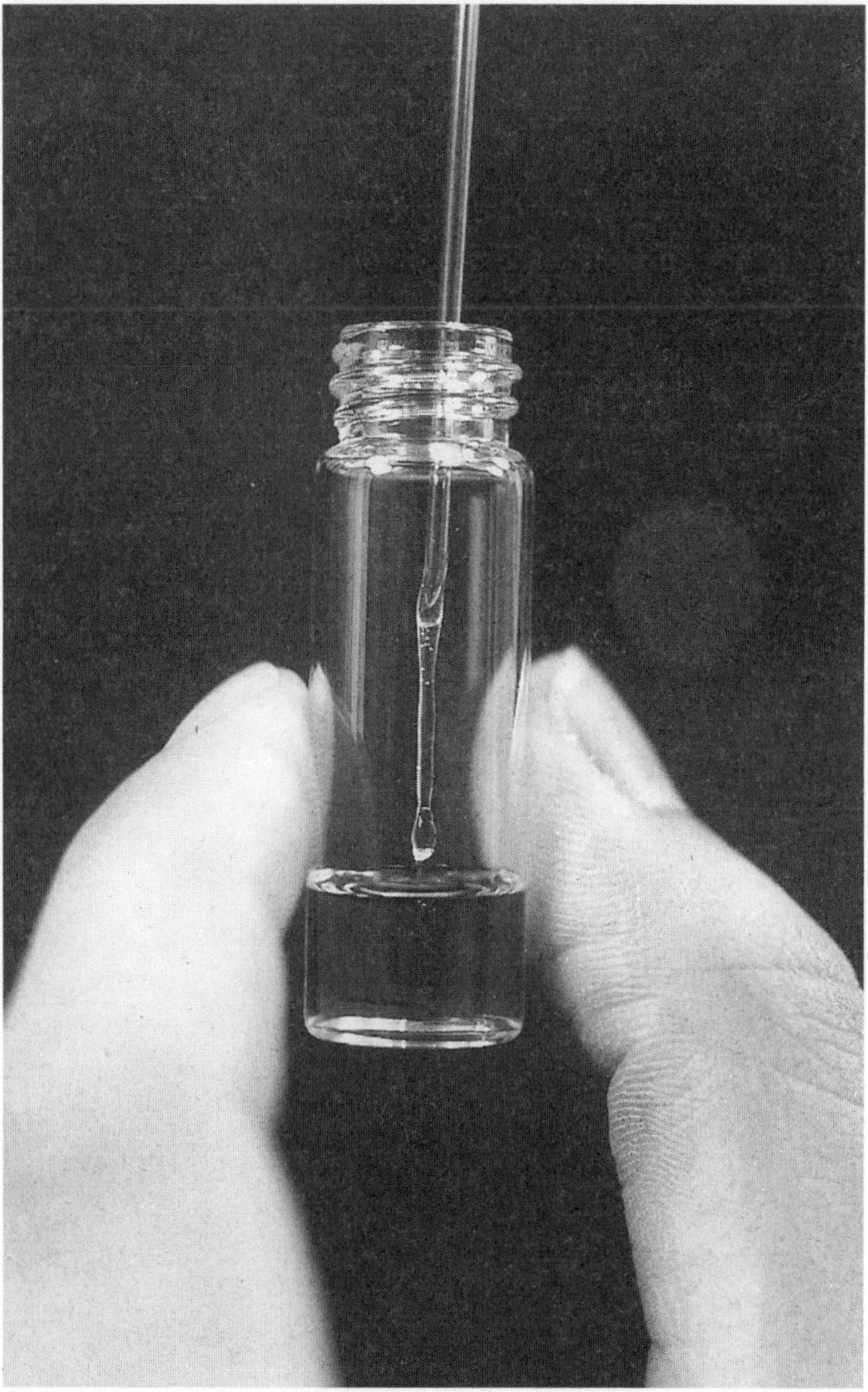

細胞から抽出した人間の DNA

事例② 飛沫血痕の血液型が犯人を暴く

血まみれの第二日海丸操縦席

山陰の松山といわれる風光明媚な港、網代港。静かな美しい港で、その事件は起きた。

魚槽に冷凍用の氷を詰めこむために、多くの漁船が、製氷工場のある西側埠頭に集まってきた。一隻ずつ、氷を詰めこみ、第二日海丸の順番がやってきた。その順番がまわってきたにもかかわらず、第二日海丸は動こうとしない。不審に思った漁港組合の女性事務員が駆け寄って、停泊中の船内に向かって大声で呼びかけた。

「日海丸さーん、日海丸さーん」

返事はない。誰もいないのだろうか。

「どうしたんだろう。今日は休みなのかしら」

網代港所属の漁船の出港予定表を見たが、その日の第二日海丸は午後二時に出港予定となっている。もうそろそろ準備を終えなければならない時刻のはずなのだ。

何度呼んでみても返事はないので、その事務員は、漁船に乗りこんでみた。

「日海丸さーん。どうしたんですかあー」

操縦室をのぞいたその瞬間、彼女の目に飛び込んできたのは、信じられない光景であった。航海士のMさんが血まみれになってうつ伏せで倒れているのだ。操舵室の床は真っ赤に染まっていた。

彼女は、言葉を失いながら、震える足で必死に外に飛び出し、漁業組合に走った。言葉をつなごうとしたが、何をいっているのかわからない。

「日海丸が……。人が死んでて……」

偶然にも被害者四人全員の血液が同一

通報後、すぐに警察署の鑑識活動が始まった。船内には、女性事務員が発見した操縦士のほかに三人の死体があった。航海士は操舵室でひとりで殺害されていたが、ほかの三人は薄暗い別室でまとまって殺害されたようである。折り重なるように、船長のNさん、乗務員のTさん、Bさんが倒れていた。

殺害現場はまさに血の海だった。床の上はヌルヌルと滑ってまともに歩けないほど血が流れている。天井や窓や壁、あらゆるところに血液が飛び散り、生臭い臭いが立ちこめていた。

切り傷、割り傷の区別もつかぬほど傷の状況はひどく、頭部、胸部、手足を鳥取大学医学部の法医学教室に法医解剖を依頼することになったが、あまりの損傷に遠距離を走って大学まで運ぶことが躊躇《ちゅうちょ》された。

結局、被害現場から比較的近いI病院の病理解剖室に運びこみ、そこに鳥取大学法医学教室のY教授に出張を求めて、解剖が始まった。

死因は、いずれも失血死。

被害者の解剖がつづいているいっぽうで、現場ではさらに綿密な鑑識が行なわれていた。床に流れた血液、飛び散った血痕、それらを丹念に集める作業がつづけられたのだ。

科学警察研究所に持ち帰られた血液には、血液型検査が進められた。その結果、被害者全員の血液型がABO式ですべてA型。また、MN式ではすべてMN型。これでは識別はできない。

新鮮な血液ならばRh式血液型検査も可能である。さっそく検査は行なわれた。
・航海士のMさんは……CCDee
・船長のNさんは……CcDEE
・船員のTさんは……CcDEe
・船員のBさんは……CCDee

しかし、MさんとBさんは、Rh式においてもおなじ血液型であった。ところが重要なことがわかった。それは被害者の衣服に付着していた血液のなかに、この四人とはまったく違った血液型因子であるCDEe型が発見されたのである。おそらく、争っているときに、犯人も傷を負い、その血液が被害者の衣服に付着していたのだろう。

事件解決の糸口が見えてきた

その後、しばらくして、ひとりの刑事がこんな情報を仕入れてきた。

事件があった日の深夜、ひとりの男が「崖から落ちた」といって、鳥取市内のT病院にやって来て、治療を受けたというのだ。

ちなみにこの男には別の男が付添っていたという。そのときのカルテを調べてみると、Y市に住む船員のCという男であった。しかし、これは偽名であったことがわかった。

病院側の話によると、男の傷は、左肩と上腕部に皮下出血と挫創、大腿部に深さ二センチの傷、さらに左手首には静脈に達するほどの切り傷もあったという。かなりの重症で、緊急入院をすすめたが、保険もないしお金もないといって、縫合を終えると逃げるようにして帰っていったというのだ。

いずれにしても、治療はつづけなければならない。まず、応急処置だけでは非常に危険なことを診療にあたった医師は説明した。それでもその男は二度とT病院に現われなかった。医師はおそらく別の病院で診てもらっているだろうと刑事に話した。

〈別の病院にもし行くとしたら……〉

事件解決の糸口が見えてきた。

後日、必死の捜査によって、その別の病院が見つかった。調べてみると、最初の病院とおなじ箇所の治療を受けている。そして、縫合した場所の抜糸もすでに終わっていた。名前などはまたしても偽名であった。

その病院でも、化膿などの危険性があるので、もう一回検査に来るようにいっておいたということだったが、犯人であれば、警戒してもう二度と来ない可能性もある。しかし、この病院では、幸いなことに、輸血の必要があるということで、その男の血液型を検査していたのだ。

それによると、血液型はA型、Rhプラスということであった。病院ではそれ以上の検査は行なわないから、残りの血液について、鳥取県警科学捜査研究所でさらに検査をしてみると、MN型はM型、RhシステムはCCDEe型であった。

これは被害者四人とは違った血液型で、しかも被害者の衣服に付着していたあの血液の血液型と一致している。

こうして、この偽名を使って治療を受けた男が犯人である容疑は、きわめて強くなった。

容疑者の衣服についた血液が、被害者の血液型と一致

待つこと一週間。病院で刑事が張り込んでいたところに、その男が現われた。何食わぬ顔で診療の申込みをしているところに刑事が近づき、

「網代港での殺人事件の件で、少しお話を聞きたいのですが」

というと、意外にも素直に任意同行に応じた。

取り調べはつづき、さらに家宅捜査も始まった。自宅からは、案の定、血液のついたズボンと上着が発見された。

どうして処分せずにそのまま置いていたのかわからないが、いずれにしても、犯人であると刑事は確信を強めた。

ズボンと上着についていた血液は、やはり被害者の血液と見事に一致したのである。

容疑者の衣服から被害者の血液が見つかり、被害者の服から容疑者の血液が見つかったことで、証拠はほぼ固まった。

犯人もそれだけの証拠がそろっている以上、もはや反論する余地はないと思ったのだろ

うか。素直に、犯行を認めた。

さて、その男の犯行動機は何だったのだろうか。殺害現場から想像するに、被害者に対して相当の怨念があるかと思われたが、これが意外に単純な理由であった。サラ金の返済に困った犯人は、かねてからの知り合いであった船長のNさんに、借金を頼んだのである。ところがNさんはそれを断った。そのことに腹を立て、殺害したというのである。

借金を断られて逆上した犯人は、船長や船員を脅しながら、船を沖まで出させて、船内にあった鉄棒で船長を撲殺。止めに入ったほかの船員も巻きこみ、さらに惨殺した。そして、港に帰るまで航海士に船を操縦させ、港に到着するとその航海士も殺害したのである。

第8章

死　体

犯行の詳細をフラッシュバック！

芹沢常行

元警視庁刑事部理事官
関東管区警察学校嘱託講師

物いわぬ死体が検視官に語りかけてくる

まず、自殺か他殺か事故死か病死かを判定

検視官の仕事は、死体を徹底的に見ることから始まる。徹底的に見る目的の第一は、なんといっても他殺か自殺かを明らかにするためである。他殺であるのに、自殺、あるいは事故死などと判断することになったら、たいへんなことになる。亡くなった人が浮かばれないばかりか、犯罪者を野放しにすることになる。特に計画的な殺人の場合は、なんとか証拠を隠滅して、自殺、あるいは事故死に見せかけようとすることが多いから、検視官の目も真剣にならざるをえない。わずかに残された痕跡から犯人のトリックを暴き、他殺であることを発見し、犯人捜査へのスタートラインをつくるのである。

しかし、こうした重要な仕事であるにもかかわらず、正直いってあまり人に好かれる仕事ではない。来る日も来る日も無残な死体、そして壮絶な殺害現場を見るというのは、決して気持ちのいいものではない。経験を積んだベテラン検視官でも、思わず吐き気に襲わ

れるような現場にしょっちゅう遭遇する。

しかも、勤務時間も不規則きわまりない。事件が発生すれば、夜でも昼でも現場に飛んでいくことになる。日曜や祝日なんて関係ない。

私も検視官をしていたころは、正月を家族と楽しんだという記憶がない。暮れや正月というのは、これがまた事件が多いのだ。いつ呼び出されるかわからないから、子供とゆっくりするなんてことは一度もなかった。

それゆえ、検視官は任務年数が比較的短いのが普通である。だいたい二〜三年、長くて五年もすればほかの部署に配置換えとなる。皆が嫌がることは警察の幹部もわかっているから、検視官を経験した者には「よくがんばってくれた」というご褒美《ほうび》として、検視官終了後、警察の署長か副署長に任命することが多い。逆にいうと、それくらいのメリットがないとやってられない仕事なのだ。

ところが、私はどういうわけか、十八年もやってしまった。こんなに長期間、検視に携わった者は、まずいないのではないだろうか。それゆえ、検視に関する経験をたくさん積むことができたし、勘も磨くことができた。

やはり、どんな仕事であっても、勘というものは経験を積まないと磨かれないものだから、そういう意味では、勉強になったと思っている。

首についた紐の痕で、他殺か自殺か見えてくる

さまざまな死体がある。大きく分けるとすれば、刃物などの傷のある死体、銃で撃たれた死体、絞殺死体、溺死体、毒薬中毒死体などなど。

しかし、おなじようなジャンルに見える死体でも、殺人の仕方はひとつとしておなじものはない。それこそ千差万別だ。

たとえば、絞殺死体でも、紐で首を締められて死んだもの、両手で絞め殺されたもの、あるいは指で絞め殺されたものなど、さまざまだ。溺死でも、本当に溺れ死んだものから首を水に突っこまれて溺れ死んだものもある。おなじものはひとつもない。だから、検視をする場合には、数学のようにはっきりとした定石があるというわけではなく（もちろん、基本的なデータや見るポイントはある）、どこまでも検視官の経験と勘と判断力が大事になってくるのである。

また、死体だけではなく、死体が発見された周りの状況も大事になってくる。部屋の状況、服の状況、現場周辺まで徹底的に調べていく。

そうしたことを重ねていくなかで、他殺か自殺か事故死か病死かを判断する材料が発見されるのだ。

先ほども述べたように、それぞれの現場は千差万別だから、こういう状況だったら他殺、こうだったら自殺、というような固まったマニュアルというのは通用しないが、それでも、最低限の法則というのはあるわけで、それについて少しばかり触れておこうと思う。

たとえば、紐による絞殺死。首を吊って自殺した場合でも、紐で首を絞め殺した他殺の場合でも、おなじように首に紐の痕は残る。

しかし、首吊りの場合は、全体重が首にかかるので、紐で絞め殺した場合よりも、より強く痕が残り、その違いは明白となるのだ。

椅子を死体の横に転ばせてみたり、柱に紐をかける釘などを打ちつけたりして、あたかも首吊り自殺であるかのように見せかける場合があるが、首の傷のぐあいを見れば、それが本当の自殺か証拠隠滅を計った他殺かは、おのずと見えてくるものである。

絞め殺された死体の眼球には鬱血点が出る

また、たとえば、首を紐で絞め殺したあと、天井に死体をぶらさげたものと、生きているうちに首吊りしたものとでは、目の鬱血点が違っている。

人が絞め殺したものは、血液が循環しているときに首を絞められるものだから、血液が首から上に大量に溜まってしまって、目の周辺の毛細血管が破れることがある。そうすると、蚤《のみ》が食ったような小さな斑点が眼球や瞼《まぶた》の裏側にできてしまうのだ。眼球の表面近くのものは赤い斑点、やや深いところは紫色の斑点ができる。

いっぽう、首吊りによって死亡した場合は、基本的にそうした鬱血点は出てこない。

なぜかというと、首吊り自殺は呼吸困難によって少しずつ死に向かうのではなく、首を吊った瞬間に、脊髄から首を通って脳に走る中枢神経が破壊されて、死に至ることが多いのだ。

つまり、ほとんど、一瞬のうちに死んでしまうのである。

ただ、首吊り自殺でも、ときどき、鬱血点が見られることがあるので、鬱血点が出ているから即座に絞め殺されたのだと確定することは避けなければならない。

また、首に残った紐の傷から、紐の結び目をひろいだし、それが判断材料になることもある。

現場のようすを想像してもらうとわかりやすいが、首吊り自殺の場合は、紐を首の前から後ろにまわして後ろで吊り上げることが多く、他殺の場合は、相手の首の後ろから前に紐をまわし、両手で紐を引っ張ることが多いのだ。

また、自分で首を吊って死ぬときは、基本的にネックレスや髪の毛、洋服の襟が紐のあいだに挟まることはないが、他人に絞め殺されたときは紐と首のあいだに髪や襟が挟まっていることが多い。

殺害するときに、いちいち髪や襟を除く余裕があるはずがないからだ。

死体が自殺か他殺かを話しかけてくる

また、刃物に刺されて死んだ場合、自殺ならば通常、衣服を避けて体の表皮を露出してその部分に刃を当てることが多いが、他殺は当然ながら衣服の上から刺していることがほとんどである。

また、銃殺の場合なら、拳銃の弾がどこから入ってどこから抜け出ているかを調べることによって、自殺か他殺かわかることがある。

自殺するのなら、当然、こめかみから横に弾を貫通させるか、のど元や口のなか、あるいは額から後ろに向かって撃ち抜くことがほとんどだ。背後から弾が撃ちこまれるということは考えられない。

さらに、溺死体があがったとしよう。本当に溺死したのか、あるいは違う場所で殺されてから川や海に捨てられたのかでは、異なる箇所が出てくる。生きている状態で溺れ死んだ場合は、口から泡状のものが出てくることが多いのだ。

ところが、事前に別のところで殺されてから水のなかに放りこまれた死体は、その口から泡状のものは出てこない。

これは、どういうことかというと、生きているときに溺れると、水が大量に肺のなかに入りこむからだ。

スポンジ状の肺のなかに入りこんだ水は、それが地上に引き上げられたときにブクブクと泡のような状態で口から出てくる。ところが、死んだ状態で水に入れられた場合は、それほど大量に肺のなかに水が入らないから、そういうことがない。

さらにまた、死体と凶器の位置関係なども当然、大きなチェックポイントになる。

往々にして、自殺に見せかけようとする殺人犯は、凶器を死体のそばにそれらしく置こうとするが、気が動転しているために、死体から離れた場所に置いたり、不自然な形で置かれたりすることが多い。

そうした現場の状況を蟻の子を探すように調べるのも検視官の仕事である。

いずれにしても、十八年間も検視官をやっていると、こちら側が犯行現場を推測し、他殺か自殺か事故死かを判断するというよりも、死体そのものが語ってくるような気がする。

重箱の隅をつつくように見つめていると、死体がものいわぬその口で、

「俺は殺されたのだ」

と、語ってくるような気がするのである。

事例①「地蔵背負い」で絞殺殺人

川岸に流れついた女の首に残る紐の痕

一九五七年の春。荒川の河川敷に女とおぼしき死体が漂着していた。着ていたワンピースが水の流れにゆらゆらと揺れている。ピクリとも動かないその体は、硬直したまま岸から離れようとしなかった。

溺死の場合、時間がたつと土左衛門という言葉どおり、ふた目と見られぬ腐乱状態になることが多い。

体は水で膨れ上がり、腕を持って引き上げようとすると、ズルリと皮だけ剝けてしまうなんてこともある。そのときの死臭の凄まじさは、ベテランの刑事であっても思わず嘔吐してしまうほどだ。

幸い、そのときの死体は、死後一〇時間程度しかたっておらず、ほとんど原型を保ったままだった。まだ二十歳にもなっていないような、うら若き女性の死体であった。

胴体や顔にはこれといった傷は見当たらなかったが、首に紐の痕がかすかではあったが残っていた。紐が交差した部分は、どうやら首のうしろにきていたようだ。他殺の場合だと、縛った際の交差部分がたいてい前のほうにくるのだが、この場合は違っている。

「どうやら、自殺のようですな」

おなじ所轄の刑事がいう。

「ええ」

私が曖昧な返事をすると、その刑事はさらに言葉をついだ。

「上流にある橋のどこかに紐をくりつけて首を吊ったんでしょう。紐が切れてここまで流れてきたんじゃないでしょうかね」

なるほど、そう考えるのも当然のことだが、私が気になっていたのは、首に残る紐の痕である。

たしかに、絞めた際の紐の交差部分がうしろにあるのだから、他殺という線はどちらかというと弱い。

しかし、首吊り自殺にしては紐の痕が薄いのだ。全体重が紐の部分にかかる首吊り自殺は、はっきりと首に紐の痕が残るのが普通なのである。

幸い、所持品などから身元がほどなく判明。ある地方都市から数ヵ月前に上京してきた女性であった。

身辺を洗っていったが、自殺するような動機がなかなか見当たらない。また、首吊り自殺に適した橋も上流には見当たらない。

そういうことから、どうやら他殺の線がクローズアップされてきた。

片腕をなくした男に紐が引っ張れるか?

さらに聞き込み調査を進めていくと、三十歳ほどの男が捜査線上に浮かび上がってきた。この男は、地元の地方都市で彼女と知り合い、

「いい仕事がある」

などとうまい話をもちかけて、東京に同伴するような形で連れてきていたのだ。いい仕事がどういうものを指していたのかは、いまとなっては記憶の果てに消え去ってしまっているが、歌手にしてやるとか、モデルにならないかとか、若い女性が好みそうな浮いた話をもちかけたのではないだろうか。

もちろん、そんな話はデタラメだった。単にその女性と性交したいために、うまい話をもちかけただけだったのだ。

ほどなく男は容疑者として逮捕されたが、問題はその男が片腕をなくしていたことだった。片腕をなくした状態で、人をひとり殺せるほど強く紐を縛ることがはたしてできるの

だろうか、という疑問が生じてきたのである。

仮に、被害者の頭が入るほどの輪を紐でつくり、被害者の首に巻きつけることができたとしても、紐を両手で左右いっぱいに引っ張らないと絞め殺せるわけがない。片手をなくした容疑者を見たときから、つきまとった疑問である。

しかし、殺害現場の状況を再現させてみると、その疑問はすぐさま消え去ることとなった。

男は、自分の部屋で被害者の女と横に並んで坐っていた。犯行におよぼうと思った男は、輪をつくった紐を女の首にかけたかと思うと、即座に女の背後にまわりこんだのだ。そして、女の背中に自分の背中を合わせて、柔道の一本背負いのような恰好で、紐で女の首を吊るし上げたのだ。

つまり両手で左右にひっぱって紐を絞めたのではなく、片手だけで、まるで首吊り自殺のような状態に持ち上げたというわけだ。

このような背負い型を「地蔵背負い」というらしい。ある地方では、お地蔵さんを運ぶときに、お地蔵さんの首に紐をかけて背中に背負うような形で運ぶというのだ。

そういう形での殺害であったから、死体を見た最初のときに、首吊り自殺ではないかと一瞬、判断を誤りそうになったというわけである。

その男がなぜ殺害に至ったかは、記憶にない。

おそらく、自分がついてきた嘘が女にバレて、かえって足手まといにでもなったのだろう。最初から殺意があったのではなかったように記憶しているから、口論の最中に、思わず激昂して殺害に至ったというようなことではなかっただろうか。

いずれにしても、非常に稀な方法での絞殺殺人であった。

事例②　一〇〇カ所を刺された映画館殺人事件

複数の凶器による傷痕の謎

映画文化が華やかなりし一九五九年ごろ、都内のある映画館でその事件は起こった。

その日はたまたま休館日とあって、客は誰もいなかった。

静まり返った館内を点検していた映画館職員が二階のフロアに足を踏み入れた瞬間、普段は休憩時間に喫煙する人でごった返しているエリアが、真っ赤な血の海になっていたのだ。

倒れているのは、おなじ映画館の清掃職員。無口でおとなしい五十代の男。懸命に逃げたのだろう、血まみれの筋が四、五メートルつづいており、その果てにうつ伏せの形で倒れていた。

現場に駆けつけてみると、なんとも酷い惨状であった。ともかく、めった打ち、めった刺しの状態だ。顔面、頭部、首、胸、腹、背中、腕、足、あらゆるところに刺し傷、打撲傷があり、ざっと見てもそれは一〇〇ヵ所以上あった。顔などは原型をとどめていないくらいの損傷である。

「これはひどい」

捜査一課の誰もがそう思ったはずだ。

その死体を見ながら、不思議に思ったことがひとつあった。それは、凶器が複数あるように思えたことである。

あるところにはノミのようなもので刺した傷があり、あるところには一本線の真ん中部分が抜けたような刺し傷がある。つまり、直線状に二本の刺し傷があるのだ。またあるところには、鈍器で殴ったような打撲傷も多かった。

普通、凶器を複数使うということは、あまり考えられない。殺人という極限状態で複数の凶器を使う余裕などないはずなのだ。

「これはいったい、どうしたことだろうか。犯人が複数いたのだろうか」

犯人の耳のなかに返り血を発見！

捜査一課が懸命になって周辺の聞き込み調査を進めていくと、映画館のなかから人が走って逃げていったという情報が寄せられた。

「これは、どうやら映画館とは関係のない外部の人間の仕業ではないでしょうか」

そう推理するのも無理はないが、私がひとつ気にかかっていたのは、一階の観覧席脇の通路に一〇メートルくらいの紐が引っ張ってあり、そこにズラリと並べてあったボロ雑巾である。

たぶん、清掃に使う雑巾だろうが、どれもこれも灰色に汚れた雑巾なのに、いちばん奥に、おろしたばかりと思われる白い雑巾が一枚だけかけられてあったのだ。

その雑巾が目にとまったとき何かしら心が動いて、近づいて触ってみると、しっとりと濡れているではないか。他の雑巾はどれもこれも干からびたように乾いている。

「おかしい」

確固たる理由はなかったけれども、不自然な気がして、私はどうも、これは外部の人間の仕業ではなくて、おなじ映画館の職員の仕業ではないだろうか、そして、この雑巾は犯人の遺留品ではないかと感じたのである。

捜査は比較的、順調に進んだ。当然のことながら被害者の身元はその日のうちにすぐにわかった。それにともない身辺を洗っていくと、被害者と日頃から親しくしていた、おなじ映画館の清掃職員が捜査線上に浮かび上がってきて、二、三日後に容疑者として逮捕された。

「どうせわかることなんだから、正直にいったらどうなんだ」

「いいや、私はいっさい、関係ありません。何も知りません」

「じゃあ、被害者○○が殺されたとき、どこにいた？」

「パチンコ屋でパチンコをしていました」

「ふーん……」

狭い取調室のなかは煙草の煙が立ちこめて、緊張感と倦怠感が混じり合ってどんよりとしていた。

担当の取調官が、尋問の矛先をどこに向けようかと考えながら、椅子から立ち上がって、容疑者の横に立ったときのことである。

取調官の目のなかに、あるものが飛びこんできた。容疑者の耳のなかに小さなどす黒い点が見えたのである。

「おまえの耳のなかに何か黒いものが残っているぞ」

犯人は息を止め、目を見開いた。取調官が犯人の耳に目を近づけると、

「どうみても、これは血だよなあ」

容疑者の顔からは血の気が引き、ガックリと首がうなだれた。

「これはどうしたんだ」

「……私がやりました」

容疑者は、犯行のときに浴びた返り血が、耳のなかにわずかに残っていたのを指摘され、素直に観念したのであった。

あれだけの刺し傷、打撲傷があれば、犯人も相当の返り血を浴びているはずなのだ。それこそ、顔も手も足も身体じゅう血まみれになっていただろう。特に、刃物で刺して殺す場合よりも、鈍器で殴って殺すほうが大量の返り血を浴びるものだ。

私が犯行現場で気になっていたあの白い雑巾は、やはり犯行後に返り血を洗い落としたときに使った雑巾であった。

そして、その雑巾を精密な検査にかけてみると、被害者とおなじ血液型が検出された。綺麗に洗えば血液は落ちるから見た目にはわからないが、精密な検査をしてみれば微量な量の血液が検出され鑑定が可能なのである。

しかし、犯人は、どうしてその雑巾を焼却するなどの処置をしなかったのだろうか。そ

のあたりの理由はもはや思い出すことができないが、その雑巾が気になって仕方がなかったことは、後日談からもうかがえる。

つまり、あのとき、私がその雑巾をじっと見つめていた光景を、その男は捜査官や映画館の関係者などでごった返していた人ごみの後ろから、そっと見ていたというのである。

もし、私がその雑巾を捜査本部に持ち帰ったら、自分の犯行であることがわかるだろうから自殺しようと思っていたというのだ。

ところが、私がそのまま置いて帰ったものだから、犯人は「たいしたことはないな」と思って、自殺を思いとどまったというのである。

凶器はL字型の釘抜きだった

さて、問題の凶器も自供後、簡単に見つかった。

当初、死体の傷痕には複数の種類が見られたので、どういうことなのか、なかなか理解できなかったが、凶器が発見されてみると「なるほど、そういうことか」とうなずいたものだ。

凶器は、清掃職員の休憩室に置いてあった。狭くて小さな部屋にはちゃぶ台や湯呑みやポットが置いてあり、ちょっとした生活感が漂っていたが、その棚の上に凶器に使った

「釘抜き」が他の工具といっしょに、ちょこんと置いてあったのだ。もちろん、綺麗に洗ってある。

このL字型の釘抜きは、釘を挟む先端部分は二股に分かれており、柄の部分を握りしめてこの先端部分で殴れば、あいだに隙間のある直線の切り傷ができる。また、尻の部分で刺せばノミのような傷痕ができる。さらにまたL字の角で殴ればひどい打撲痕が残る。ひとつの凶器でさまざまな攻撃ができるというわけだ。

それにしても、一〇〇ヵ所以上、原型をとどめないほど殴り、刺すというのは相当の恨みや怒りがあったに違いない。

どうしてこれほどの殺し方をしたのかというと、金銭問題などではなく、痴話ゲンカのもつれからだったのだ。

つまり、ふたりは同性愛者だったのである。五十代の男性どうしが「恋人」の関係だったのだ。

被害者のほうにほかに好きな人ができたのかどうかは、私の記憶が薄らいでしまってわからないが、いずれにしても同性の愛憎も異性の愛憎とおなじように激しいものがあるようだ。

第9章

声　紋

無限に広がる驚くべき可能性

鈴木松美

元警察庁科学警察研究所技官
日本音響研究所所長

「声紋」鑑定の信憑性は「指紋」鑑定に匹敵

人の声の個性を視覚的にとらえる「ソナグラフ」

声紋とは一言でいえば、それぞれ異なる人の声の個性を「視覚的に」とらえられるようにグラフに描いたものといえる。

ソナグラフ（周波数分析装置）という装置によって、声の高低、強弱、時間的変化が、濃淡模様で描かれる。描かれるグラフは、縦軸が周波数、横軸が時間、そしてグラフの濃淡が音圧の強弱を表わしている。声がこうした視覚的なパターンで描かれるために、指紋と比較して「声紋」というふうに呼ばれるのである。

さて、声とはいったい、どのようにして生まれてくるのだろうか。まず、このことを考えてみたい。

肺に吸いこんだ空気を腹筋の力で吐き出すとき、のど元にある「声帯」が振動し、音が出る。声帯は、筋肉の膜だが、声帯の振動だけでは声は生まれない。声帯の振動そのものは、単なるブザーの音に近く、「ブー」というだけだ。

このブーという音が、のどにぶつかり、鼻に抜けたり口を通ったり、あるいは舌や歯にぶつかって、千差万別の声に変化していくことになる。いわば、これらさまざまな器官が共鳴器やフィルターの役目を担っていることになる。共鳴器ということでいえば、人間の体自体も共鳴器になっている。

当然、人間の体は人によってそれぞれ異なっているし、鼻腔や口の形や大きさも異なっている。歯の並びぐあいも違うし、舌や口の使い方もそれぞれである。こうしたさまざまな異なる過程を経ることによって、声帯そのものの発音には大きな違いがなくても、声は大きく違ってくるのだ。それが、声の個性となる。

ということは、声帯がなくても、声帯にかわる音の発信源があれば声を出すこと、しゃべることは可能になる。何らかの原因で声帯がその機能をなくしたり、あるいは声帯を摘出したりしても、訓練によってしゃべれるようになるのは、そのためである。

たとえば、のどに小さなスピーカーを入れこんで、ブーという音を出しながら、通常の発音のように口や舌を動かせば、発音が可能になる。

また、のどのところに振動体を当てて筋肉を振動させる方法もある。その振動が伝わり音になり、口を動かすことで発音が可能になる。振動体にはペンのようなタイプ、首に包帯を巻いてそのあいだに差しこむタイプなどがある。

また手元のスイッチで振動体を操作するタイプもある。このタイプは微妙な発音を可能にする。

というのは、たとえば「シ」という言葉の最初の音は、歯のあいだから空気が抜けるときに出る無声音で、その後、母音の「i」のところから声帯が振動することになる。つまり、最初の一瞬は振動体を振動させないで一瞬の間をおいて振動させることによって、はっきりとした完璧な発声が可能になるのである。

また、「食道発声法」というのもある。いわゆるゲップをする時に音が出るが、この音を訓練によって連続的に出すことで発声する方法である。

人の耳に聞こえない音もソナグラフは拾う

さて、そうした声をソナグラフで分析すると、どうなるか?

人間の声の周波数は、低いものでは五〇ヘルツから高いものでは八〇〇〇～一〇〇〇〇ヘルツまでの幅広い周波数が複雑に混ざり合ってできている。

そして、たとえば、「ア」という声を分析してみると、六〇〇～八〇〇ヘルツ、一〇〇〇～一四〇〇ヘルツ、二七〇〇～三一〇〇ヘルツという三つの帯の周波数が検出される。つまり、黒い模様となって描かれるのが三カ所出てくる。これに対し、「イ」という声は、

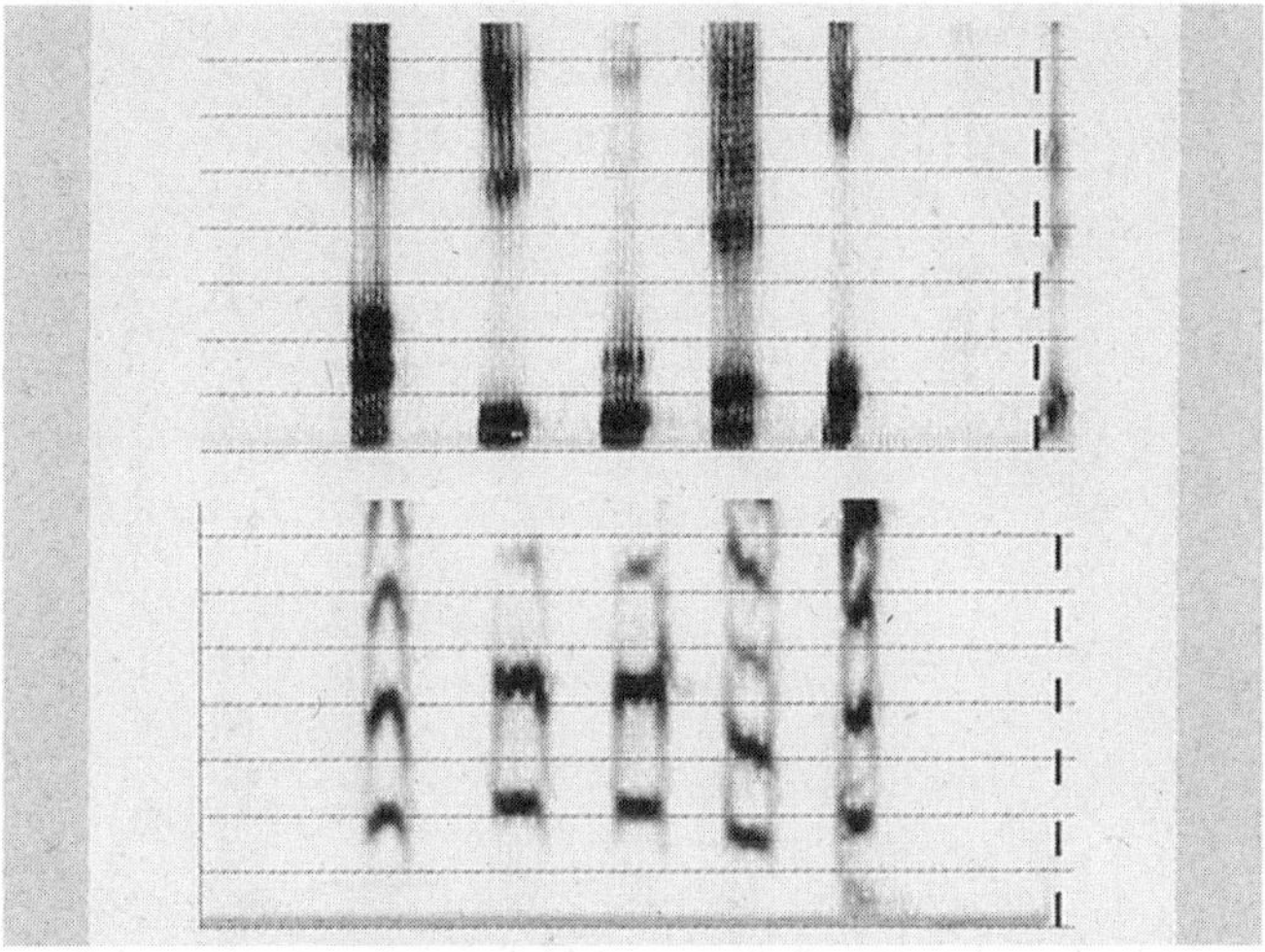

ソナグラフで描かれた声紋。左から㋐・㋑・㋒・㋓・㋔の順

二五〇～三五〇ヘルツと二四〇〇～三〇〇〇ヘルツ付近に黒い模様が出てくる。ちなみに、こうした声の周波数成分を「フォルマント」と呼ぶ。

さて、ある言葉を発音するためには、決まった口の使い方、舌や歯の使い方が必要となる。

「ア」と発音するための口や舌の使い方からは「ア」の音しか出てこず、決して「イ」の音は生まれてこない。というように、ひとつの音が生まれるには、ある決まった方法がある。

たとえば、「パ」という前置音は口をきつく締めた状態から一気に開いたときに生まれる、「シ」の「sh」の部分は、声帯は振動せず歯のあいだを空気がこすれるときに生まれてくる、破裂音の「タ」は、舌を上顎につけて一気に空気を出すときに生まれる、というぐあいだ。

一〇〇人いれば一〇〇とおりの声紋

こうしたある決まった口や舌の使い方から、ある一定の発音が生まれてくるということはわかっていただいたと思う。では、どうして、おなじ発音のなかでもそれぞれ違う個性が浮き上がってくるのかというと、それは先にも述べたように、口やのどや鼻の広さの形状、歯や顎などの形状、発音する際の空気の流れなどが違っているからだ。そこに各自の個性が隠されていることになる。

また、つぎのような部分にも違いが出てくる。たとえば「シ」という音について考えてみよう。発声には、声帯が振動せずに生まれる「無声音」と、振動して生まれる「有声音」がある。これらが微妙に組み合わさって成り立つ「シ」という音は、最初の「sh」を発声しはじめる瞬間は無声音だが、すぐに有声音に変わる。この有声音が無声音からどのくらいの時間的な経過のあとに出てくるかという部分にも、それぞれに特徴がある。ほんの一秒足らずのことだが、そこにクセが見えるのだ。

さらに、「アイウエオ」と発音したときに、それぞれの音の強弱がそれぞれによって異なってくる。「ア」を大きく発音する人、「イ」を大きく発音する人と微妙に異なる。

さらにまた、精神状態の変化によって声帯の振動数もその高低が異なる。精神の緊張状態は体の筋肉の緊張につながり、それがひいては声帯の緊張にもつながっていくのである。声帯の周りの筋肉がギュッと張ると、声帯は張り詰め、結果として声が高くなるのである。歌手が全身を振り絞るようにして高音を出すようすからも、こういうことはうかがえるのではないだろうか。

このようにして、声紋で調べられる項目は、細かいところまで含めると、多い場合は実に百数十項目にものぼる。これだけの項目を調べると、声というのは一〇〇人いれば一〇〇とおりの声紋があるということになる。

科学捜査でもっともメジャーなのは「指紋鑑定」だろう。なぜ、指紋鑑定がこれほど多用されているのかというと、やはり、その信憑性の高さにあるのではないだろうか。高度な声紋鑑定というのは、実は、それに匹敵するほどの確率をもつ。

ただ、その分析の難しさ、技術の高さからいうと、声紋鑑定は、指紋鑑定ほど平易なものではない。そこに声紋鑑定の難しさがあるといえる。

さらにいえば、音声を分析するための録音テープにノイズが入っていたり、比較する二本のテープからおなじ言葉を見つけ出すことはなかなか難しい。そうした困難をひとつひとつクリアして分析を進めなければならないので、相当の時間と技術が必要となるのだ。

テレビ番組も声紋鑑定に注目

声紋鑑定が知られるようになると、いろんな人たちがその信憑性の高さを知りたがるようになった。テレビ番組などでも、そういう番組が出てきたりしたものだ。

古いところでは、一九六七年に放送されたNHKの『明日を開く』という番組で取り上げられた。幾人かが私のところに電話をかけてくる。単にかけてくるのではなく、声を変えてかけてくる。鼻をつまんだり、意図的に声を変えたりする。そうして、数人の候補者のなかから、電話の主を捜し出すという内容の番組だった。もちろん、犯人はハッキリと突きとめられた。

また一九九三年には、『名門・パープリン大学日本校』(テレビ東京)という番組が、私の鑑定に挑戦してきた。私の自宅に「おまえの秘密を知っているから三〇〇〇万円を持ってこい」という電話をかけ、声の主を特定してもらうというもの。数人の候補がいてそこから捜し出すというものではない。声の主がもっているさまざまな特徴を割り出していき、その「犯人像」を分析するというものだった。

声はご存知のように年齢によって変わってくる。おなじ人間でも、青年時代の声と壮年時代、そして老いてからの声は当然違っている。電話で初めて話す人であっても、電話口から聞こえてくる声で大体の年齢がわかるということは、皆さん、経験がおありだと思う。また、声は、身長が高くなるにつれて低くなり、身長が低くなるにつれて高くなるという性質がある（ファントの法則）。

こうしたことから、そのときの電話の主の特徴は、大阪弁で年齢が四十歳から五十歳、身長が一六〇センチぐらいだということが判明。またしゃべり方の特徴から、芸能人ではないかということを推測した。

こうした分析と推理を重ねながら鑑定を進めていくと、ある芸能人が浮かび上がってきた。そして、運がいいことに、その芸能人の声紋のサンプル資料が私の研究所にあったのだ。さっそく、録音した声とそのサンプルを比較してみると、やはりピタリと合致した。声の主は、タレントの坂田利夫さんであった。

そのことを指摘すると、鑑定の凄さに誰もが驚嘆の声をあげたのはいうまでもない。

イタズラ電話の対処方法

ほかにもさまざまな番組が声紋鑑定の鑑定能力に注目し特集を組んだが、声紋技術の利用は犯罪捜査だけではなく、実に多岐にわたる。

たとえば、石油を流すパイプラインのなかには、マイクロホンがあちこちに備えつけられている。石油以外の異物が流れてきたことを察知するためだ。コンピュータで監視していて、通常の音と違う音が識別されたときに、警報を発するとともに、石油の流量を変えられるようにしてある。

また、原子炉にも活用されている。原子炉は気泡が生じると冷却水が沸騰してしまうので注意が必要なのだが、この気泡を察知するのが難しい。これに対して私は、気泡がつぶれるときに出る超音波を捉える装置を開発することに成功して、原子炉の安全にひとつ寄与することができた。

そのほかにも多くの利用法があり、その可能性は大きく広がっているが、読者の方にも耳よりな身近な話を最後にしておこうと思う。それはイタズラ電話対策だ。

実際、私のところにはいやがらせ電話の鑑定依頼が多く持ちこまれている。ご存知のように、警察ではなかなかとりあってくれないから、困り果てて依頼に来られるのだ。

犯人はだいたい知り合いのなかにいることが多いから、相談者にいろんな質問をしていくなかで、犯人を絞りこんでいき、思い当たるフシのある人の声をいろんな機会に録音しておくように指示する。そして、かかってきた電話を録音して、そのふたつを照合すれば犯人は簡単に割り出すことができる。

なお、相手の声をキチンと録音するには、向こう側に大きな声でしゃべらすことが必要となる。そのためには、こちら側が送話口を口から遠く離して話すことだ。そうすると、向こう側は電話が遠いと思ってボソボソした声ではなく大きなハッキリとした声でしゃべってくれる。

問題は、無言電話だろう。無言電話だから何も手がかりがないということはない。まず、無言電話の場合、そのほとんどが知り合いのなかに犯人がいると思っていい。声を聞かれるのが嫌だから、しゃべらないのだ。

また、電話を切ったあとのリセット・パルスを分析すると、おなじ局内からかかってきたものか否かがわかる。リセット・パルスというのは、相手が電話を切ったあとに、その電話が経由している電話局内の交換機が切れる音だ。これを分析すると、近くからかけているのか遠くからかけているのかがわかる。経験からいうと、犯人は被害者と近い電話局内からかけていることが多い。

そういうことから、録音する場合は、相手が電話を切って、五秒から一〇秒待ってからこちらの電話を切るようにしたい。そうすると、相手の電話機の種類が特定できることもある。

さらにまた、無言電話の背後にあるノイズや音を分析することもできる。また、無言の相手をしゃべらせるテクニックも指導している。
こうしたことで、ほとんどのケースは解決することになる。

事例①　アキノ氏暗殺事件

空港にこだました銃声音

これまで声紋科学の分野で多くの事件にかかわってきたが、そのなかでも特に印象深かったのがフィリピンで起きたアキノ氏暗殺事件である。

当時のことは多くの人が生々しい事件として記憶されていると思う。私も事件発生当時は一般視聴者としてこの事件を衝撃を感じながら見ていた。もちろんその時点では、その後、自分がこの事件に大きくかかわっていくことになるなどとは思いもよらぬことだった。

事件が起きたのは、一九八三年（昭和五十八年）八月二十一日。当時、フィリピンの野党指導者だったベニグノ・S・アキノ上院議員が、マニラ空港で何者かの手によって銃撃され、死亡した。

この「暗殺」の背後に何があったのか知るために、当時のフィリピンの政治情勢を簡単に記しておこう。

当時、圧倒的な権力を握っていたマルコス大統領を脅かす存在が、当時の野党指導者ベニグノ・S・アキノ氏だった。一九七三年の大統領選挙でもマルコス大統領の最大のライバルになるのは必至だったが、アキノ氏を中心とした民主化勢力の躍進を恐れたマルコス政権は、選挙の前年、一九七二年に強引に戒厳令をしき、事実上、軍部による独裁政権をスタートさせた。同時に、国家転覆を企てたということなどでアキノ氏を逮捕。一九七七年には、銃殺刑が確定している。

しかしその後、アキノ氏は、心臓手術を理由に渡米が許可され、アメリカへと渡ることとなった。事実上の国外追放、亡命生活となる。

七二年にしかれた戒厳令も九年後の八一年にようやく解除される。そうしたなかで少しずつ民主化運動が盛り上がっていき、亡命していたアキノ氏も帰国する動きを見せる。それを警戒したマルコス大統領は、帰国の一ヵ月延長をアキノ氏側に申し入れた。その理由はアキノ氏暗殺の動きがあるから、というもの。アキノ氏の身の上を案じて延長を申し入れたという形をとっている。

これに対してアキノ氏は当初この要請を受け入れたが、その後、二週間後には帰国すると宣言している。いっぽう、フィリピン政府は、帰国を強行した場合は、追い返すと通告した。

このように、アキノ氏の帰国に関しては非常に緊張した状況が背後にあったのだ。

そして暗殺のその日、一九八三年八月二十一日がやってくる。民主化を求める約三万人の観衆がマニラ国際空港に集まり、空港にはアキノ氏を迎える喜びと興奮が渦巻いていた。いっぽう、空港の内外は緊迫した空気が張り詰め、その厳重な警戒態勢の下では、一般人はもちろん、外国の報道関係、外交官、国会議員も立ち入ることを許可されない状況にあった。

そして、アキノ氏が搭乗した台北発の中華航空機が到着。到着したばかりの航空機内にさっそく軍服姿の兵士三人が乗りこんできて、アキノ氏は機外に連れ出された。その数秒後に、パーンという銃声が響き、空港は混乱状態となる。暗殺の瞬間は誰もカメラでとらえることはできなかったが、連れ出されるようすやその後響いた銃声は録音されており、その悲劇は生々しく全世界へと伝わることとなる。

誰がアキノ氏を射殺したのか――。フィリピン警察が正式発表したのは事件発生後五時間経った時点。その内容は、つぎのようなものであった。

「アキノ氏は空港整備員を装った犯人に背後から銃撃され死亡した。暗殺犯人はその場で兵士に射殺された」

ベニグノ・S・アキノ氏の棺を乗せたトラックを取り囲む群衆

当時のフィリピン情勢やアキノ氏とマルコス大統領の関係から考えて、すんなりとこの整備員犯人説が信じられるわけがない。当然のように軍人犯行説が流れることとなる。しかし、報道陣をはじめとする第三者がシャットアウトされた現場では、有効な目撃証言もなかなか出てこなかったため、本当のことは見えてこなかった。

事件の模様を録音したビデオがあった

事件の衝撃が日常生活のなかで薄らいでいったある日のことだった。若宮清というフリージャーナリストと『週刊サンケイ』の記者が私のところにやってきて、つぎのようにいう。

「アキノ氏暗殺事件の声紋鑑定をお願いしたい」

この若宮氏は、アキノ氏と親交があってアキノ氏がマニラ国際空港に到着したときに同行しており、機内ではアキノ氏からひとりおいた隣の席に坐っていて、事件の模様をつぶさに見ていたというのだ。

当時は知らなかったが、この若宮氏は、事件が発生した翌二十二日の夜、成田空港に到着して、すぐにその場で記者会見を開いている。その内容が衝撃的で、「至近距離でその犯行を目撃した」と語っていたのだ。

私は、事件のその後の詳細は知らなかったから、事件そのものは収束の方向に向かっていたと思っていた。だから、鑑定依頼に来られたときは正直いって、いまさら何を鑑定するのだと不審に思った。だが、若宮氏から詳細を聞いて驚愕することになる。

その内容について説明しよう。

空港にアキノ氏が搭乗した飛行機が到着するとすぐに、三人の軍人が機内に乗りこんできて、アキノ氏を外に連れ出そうとした。そのとき、若宮氏はいっしょについて行こうと思い彼らを追いかけたが、軍人に制止され、その混乱のなかで倒れた。ところが、そのまま倒れた状態でアキノ氏が連れ去られた方向を見ていたら、前に立ちふさがる軍人たちの足のあいだから、アキノ氏を連れ出した将校が拳銃を抜くのを目撃したのである。その直後に、パーンという銃声が響いた、というのだ。

この銃声のあとに、フィリピン警察が犯人として発表した男（整備員を装った犯人）が、そばに駐車してあった軍用車付近から突き出されるようにフラフラと出てきた。そして、即座に兵士によって射殺された。おかしなことに、この男はアキノ氏を襲撃したはずの拳銃を構えるどころか所持さえしていなかったのだ。

これらの一連の流れが、若宮氏が目撃した事実だが、物的な証拠がない。若宮氏が見聞きしたこととおなじような事実を押さえた写真なり映像なりがないのだ。ところが、音だけではあるが、重要なポイントが収録されているビデオテープが存在していたのだ。

そのテープを「なんとか分析してもらえないだろうか」ということで、私のところへ依頼にこられたというわけである。

そのビデオテープというのは、アキノ氏に同行していたアメリカのABCと日本のTBSがまわしていたビデオテープである。マニラ国際空港ではマスコミ関係者がシャットアウトされたが、台北から乗りこむ際は当然そのような規制ができない。運よく同乗した彼らが一部始終をテープに収めていたというわけだ。

兵士の声と拳銃の音が入っていた

それらのテープの内容は、つぎのようなものだった。

ビデオは空港に飛行機が到着するところから始まった。

アキノ氏は飛行機のほぼ真ん中に坐っている。到着と同時に三人の軍人が乗りこんできて、アキノ氏に話しかける。

「アキノさんですか」

「そうだ」

「私についてきてください」

そういうと、アキノ氏を連れ出す形で飛行機の前方の出口に向かって歩きだす。そのとき、近くに坐っていたアキノ氏の義弟がいっしょに出ようとして立ち上がろうとすると、兵士に、

「You just take seat（坐っていろ！）」と制止された。

アキノ氏をともなった三人の軍人は機体の前方の左側の出口から、空港ロビーにつながっているボーディング・ブリッジに出た。そのまま空港ロビーに向かうかと思われたが、機体のそばに待機させてあった空港警備隊の軍用車に乗りこむため、ボーディング・ブリッジのすぐ左にあったタラップを降りていった。

カメラも追いかけたが、機体の出口付近で兵士に止められ、タラップを降りたあと、アキノ氏がどうなったのかはわからなかった。

しかし、運よく、ビデオのスイッチは切られることなく、そのまま回りつづけた。映像としてはボーディング・ブリッジの天井のようなものしか映りこんでいないが、重要な「音」を録音していたのだ。

アキノ氏がタラップを降りて数秒後に兵士の騒ぐ声。そして、ドーンという一発めの銃声。つづいて、「ドンドンドン、ドーン」という立てつづけに放たれた銃の発射音。さらに、女性の悲鳴が録音されていた。

ここで、兵士にすべての撮影を止められて、すべての記録は終了してしまっている。時間にして約四九秒。ほんのわずかである。

アキノ氏を連れ出した兵士が「俺がやる」といった？

兵士の声と銃声。手がかりになるのはほんの少しだ。しかも、普通に聞いた程度では、どんな意味の会話が交わされたのか聞き取ることは難しい。しかし、そこから、誰がどんなことをしゃべっているのか、銃声はどんな拳銃から放たれたもので誰が撃ったものなのか、それがわかれば事件解決の大きな力になることは目に見えている。

ただ、この事件に私がかかわるとなると、この事件の背後にうごめく一国の権力の大きさを考えたとき、自分の身に降りかかる何らかの危険性は否定できない。日本のような平和な国の出来事ではないからだ。

しかし、国際的な大事件をこのわずか四九秒のビデオが解決するかもしれない。しかも、こうした音声解明ができるのはごく限られており、いまここで私が拒否したら永久に真実は隠されたままになるのだ。私は、勇気をもって引き受けることにした。

まず、問題となるのは、アキノ氏がタラップを降りはじめてから銃声が聞こえるまでの九秒間だ。ここには、聞き取りにくいがいろんな声が飛び交っている。この声が誰の声でどんなことをいっているのか解明しなければならない。

声紋の鑑定というと、音を分析装置にかければそれですべてがわかると思われがちだが、そうではない。

まずは、どこまでも人間の耳によらなければ鑑定は始まらない。つまり、どこにどんな音が入っているのか、どこの音とどこの音がおなじものなのか、自分の耳で完全に把握したうえでないと、鑑定はうまく進めない。

だから、最初は、テープの音を何度も何度も繰り返し聞くことから始まる。雑音が入っていると一、二回聞いたくらいでは何もわからない。三回くらい聞いてようやく少しずつ判明していき、五回くらいでだいたいの内容が明らかになり、一〇回を超すと聞き取れる部分と聞き取れない部分が区別できるようになる。

この事件でも、こうした地道な作業から始めることになった。私はところどころに入っている音韻と、九秒間の音声のリズムを摑んだあとに、こんどはテープの音声を周波数分析装置にかけて、声紋をとった。そして、その声紋グラフから、どこにどんな音韻が入っているか読み取っていく作業に入った。そうした作業のなかから、会話の全体像が浮かび上がってきたのである。それは、つぎのような会話であった。

A「アコナ」（俺がやる）
B「アコナ」（俺がやる）
D「オプ」（オッ）
C「エトナ」（彼が来たぞ）
D「ヤ……」（意味不明）
A「オプ」（オッ）
C「プシラ」（撃て）
D「プシラ」（撃て）
「ドーン」――一発めの銃声――

ここでは、A、B、C、Dという四人の会話として羅列したが、最初から、それぞれ、同一人物の会話が判明できたわけではない。最初はあくまで推測の域を出ていなかった。これをさらに細かい声紋分析を重ねることで、同一人物の言葉であるかどうかを確定していくことになる。
「アコナ」のコ、「オプ」のオ、「エトナ」のトというように、各単語に含まれている共通した音韻、つまり「O」の音韻を分析するのだ。そうした分析によって、つぎのようなことがわかっていった。

最初の「アコナ」「アコナ」というふたつのおなじ言葉は、違う人物がいっている。つぎの「オプ」はまた違う人物。後半部分の「オプ」は、最初の「アコナ」といった人物とおなじ人物……。

そうした分析の積み重ねで、間違いなく、先ほどのような会話が交わされたことが決定的になったのだ。

さて、そうした分析結果を受けて、若宮氏は、重要な質問を投げかけてきた。

「『You just take seat（坐っていろ！）』と、アキノ氏を連れ出す際にある兵士がいったが、この兵士の声はこの会話のなかにあるか？」

もしあったとすると、これはたいへんなことである。アキノ氏を迎えにきた兵士がこの一連の射殺事件に関与している、つまり軍が関与していることになるのだ。

私は、さらに慎重な分析を進めた。そうすると、二回めの「アコナ」という言葉を発した人物がその兵士とおなじ声であることが判明した。つまり、アキノ氏を連れ出した兵士が「俺がやる」といったのである――。

フィリピンの「真相究明委員会」が分析依頼にやってきた

フィリピン政府の発表は、あくまでも、あのとき、軍用車の脇からフラフラと出てきた男の仕業であるとした。その男は、共産党の軍事組織「新人民軍」の地方司令官のひとりで、ロランド・ガルマンという人物だと、事件の十日後に発表したのだ。

その詳細はというと、つぎのようなものである。

――アキノ氏が両脇を兵士にはさまれてタラップを降りていき、数メートル歩いたところで空港整備員を装ったガルマンがアキノ氏のところに走り寄り、背後約四〇センチという至近距離から後頭部を撃った。

とっさに、警備にあたっていた兵士がガルマンをその場で射殺。ガルマンが使用した拳銃は、357マグナム――。

私の分析結果は、この軍発表と真っ向から対立することになる。

フィリピン内部でも、この軍発表の内容を疑問視する声も多く、事件発生の二カ月後の一九八三年に「真相究明委員会」が設置された。

コラソン・アグラバ委員長をはじめとする真相究明委員会のメンバーは、翌年の二月に日本を訪れ、私のもとにやってきた。私のあの声紋鑑定の結果が『週刊サンケイ』で発表され、大きな波紋を内外に呼び起こしていたからだ。

彼らは私と会って詳細を尋ね、さらに詳しい分析を依頼するためにやってきたのである。

私と真相究明委員会の会見は、警察庁で行なわれた。

声紋分析の理論や証拠能力について基礎的な部分から説明し、私があのような鑑定結果を打ち出したその理由を解説した。

そして、驚くべきことに、調査委員会側は、アキノ氏を機外に連行した軍人を含めて、九人の警備兵士らの声を録音したテープを持参してきていたのだ。

それによって、私にさらに詳しい分析をしてくれといってきたのである。もし、これができれば、決定的な証拠となる。たいへんな事態になるはずだ。

ところが、私とアグラバ委員長のあいだには、警察庁のスタッフ、フィリピン大使館の通訳などが介在していて、なかなかうまく話が進まない。

アグラバ委員長の質問に私が答える際には、警察庁のスタッフなどがあいだに入ってやり取りするし、アグラバ委員長の質問はフィリピン大使館の通訳があいだに入ってくる。専門用語が多いので間違いも多く、「それは間違いです」と注意をすると、「あなたがそういうことをいってもらうと困る」というようなことをいわれる。要するに、私はなにか被疑者のような扱いを受けたのだ。

結局、アグラバ委員長が持参してきたその録音テープを、私が受け取ることは、許されなかった。警察庁のスタッフが関係書類の不備ということで、許可を下ろさなかったのだ。

政治的な問題に発展する可能性も高いわけだから、当然といえば当然のことだったのかもしれないが、なんとも悔しい思いがあった。

射殺現場の兵士のやり取りを見事に再現！

ところが、このあとしばらくして、別ルートで連行兵士四人の声が入った録音テープを入手できた。若宮氏と『週刊サンケイ』が独自のルートで持ってきてくれたのだ。そのテープによって前述のAとCの声の主が判明した。すなわちAがラット軍曹、Cがカストロ少佐。ビデオテープに録音されていた前述の「You just take seat!」といった人物がBと同一人物で、それはデメサ軍曹であるという事実を加えると、これで全部で三人の人物が明らかになったわけである。

残りは、Dの声の主が誰かということだが、これもまもなく判明した。真相究明委員会が後日、事件に関与したと思われる一六人の兵士の声を、公聴会の席で録音してくれていたのである。しかも、それぞれに「アコナ」「エトナ」「プシラ」という言葉をしゃべらせてくれ、これを私に渡してくれたのだ。これならば、録音状態もいいし、話している言葉もおなじなので、さらに詳しい鑑定を行なうことができる。

その結果、Dの声の主は、ラサガ軍曹の声ということが判明した。

こうしたことを踏まえて、射殺の瞬間の会話を整理すると、つぎのようになる。

ラット軍曹「アコナ」（俺がやる）
デメサ軍曹「アコナ」（俺がやる）
ラサガ軍曹「オプ」（オッ）
カストロ少佐「エトナ」（彼が来たぞ）
ラサガ軍曹「ヤ……」（意味不明）
ラット軍曹「オプ」（オッ）
カストロ少佐「プシラ」（撃て）
ラサガ軍曹「プシラ」（撃て）
「ドーン」――一発めの銃声――

身に迫る危険と怪しい影

この鑑定をしているころ、私の周辺はなにやら怪しい影がつきまとうことが多くなった。スモークガラスでなかが見えない黒塗りの車が私の家の前をウロウロしたり停車したりして、なにやら家のなかを窺《うかが》っているのだ。その当時の自宅は山梨県のとある小さな町だったため、そんな車がしょっちゅうウロウロしていることなどなく、いやが上にも目立ってしまう。

また、ある国会議員を通じて「数億円をやるから鑑定をやめてくれ」という本気とも冗談ともとれる話が舞いこんできたこともあった。

いずれにしてもマルコス政権が大きくかかわっていることはおおいに予想されることだったから、私は身に降りかかる危険を感じざるをえなかった。

こうした状況だったから、私は、この鑑定結果は一刻も早く発表したほうがいいと思った。発表を阻止するために襲撃する、ということが考えられるからだ。もし発表後に襲撃されたとなると、彼らへの疑いはますます深くなるだろうから、いったん発表してしまえば簡単には襲撃できないだろう、と考えたのだ。

そういうことで、一九八四年二月二十五日に記者会見の席上、鑑定結果を発表した。その席には若宮氏、そしてアキノ氏との友人であった石原慎太郎代議士（当時）も同席している。

私の鑑定によって、政府が発表した「ガルマン単独犯行説」はひるがえされたことになったが、フィリピンではそれを無視するかのように遅々として真相究明は進まなかったようである。

こうしたはがゆい状況に対して、私は音声研究のプロとして黙っていることはできなかった。さらに新たな事実を取り出すことはできないか。私はさらに何度もテープを聞き返

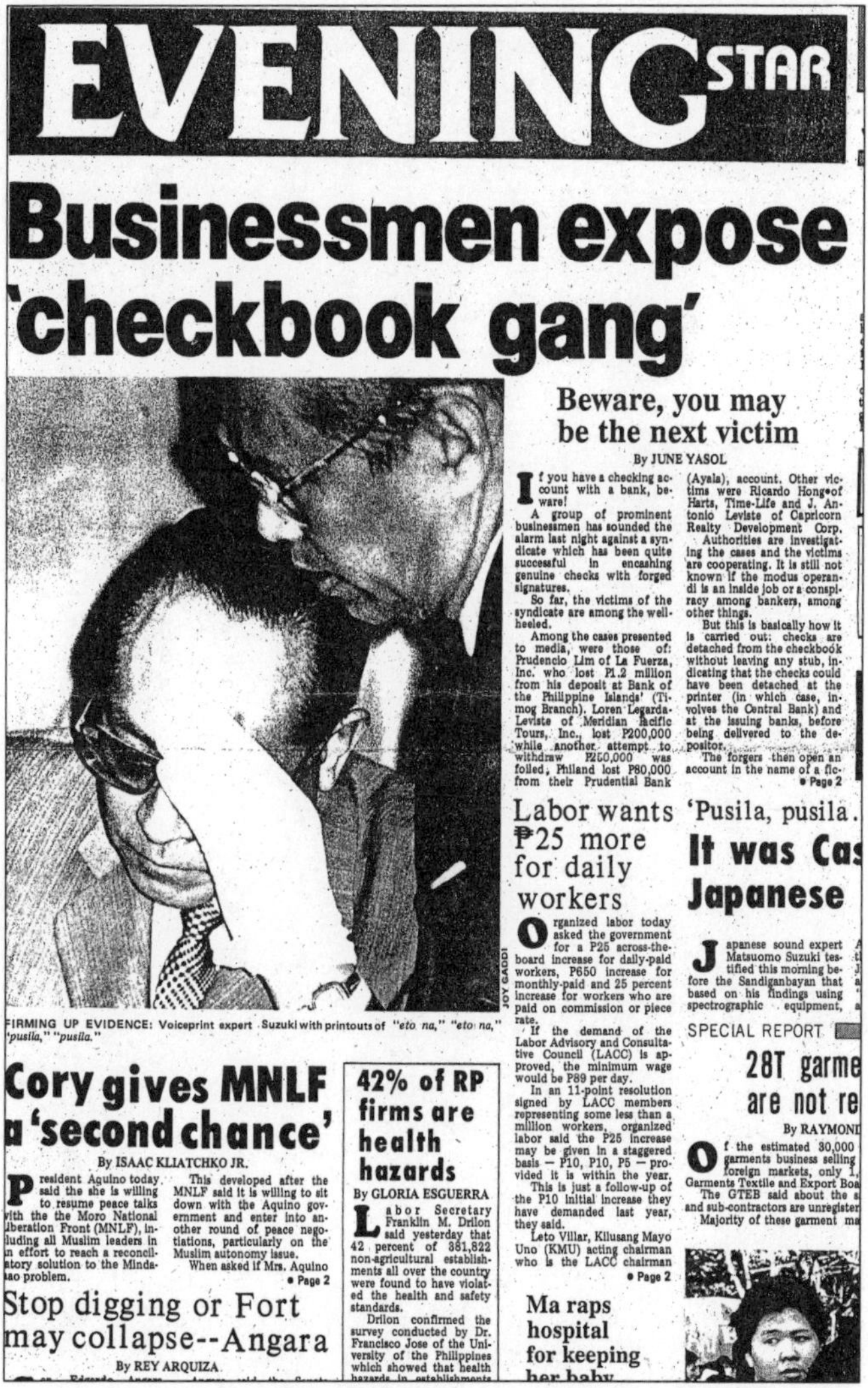

EVENING STAR

Businessmen expose 'checkbook gang'

JOY GADDI

FIRMING UP EVIDENCE: Voiceprint expert Suzuki with printouts of *"eto na," "eto na," "pusila," "pusila."*

Beware, you may be the next victim

By JUNE YASOL

If you have a checking account with a bank, beware!

A group of prominent businessmen has sounded the alarm last night against a syndicate which has been quite successful in encashing genuine checks with forged signatures.

So far, the victims of the syndicate are among the well-heeled.

Among the cases presented to media, were those of: Prudencio Lim of La Fuerza, Inc. who lost P1.2 million from his deposit at Bank of the Philippine Islands' (Timog Branch). Loren Legarda-Leviste of Meridian Pacific Tours, Inc., lost P200,000 while another attempt to withdraw P250,000 was foiled; Philand lost P80,000 from their Prudential Bank (Ayala), account. Other victims were Ricardo Hong of Harts, Time-Life and J. Antonio Leviste of Capricorn Realty Development Corp.

Authorities are investigating the cases and the victims are cooperating. It is still not known if the modus operandi is an inside job or a conspiracy among bankers, among other things.

But this is basically how it is carried out: checks are detached from the checkbook without leaving any stub, indicating that the checks could have been detached at the printer (in which case, involves the Central Bank) and at the issuing banks, before being delivered to the depositor.

The forgers then open an account in the name of a fic-

• Page 2

Labor wants ₱25 more for daily workers

Organized labor today asked the government for a P25 across-the-board increase for daily-paid workers, P650 increase for monthly-paid and 25 percent increase for workers who are paid on commission or piece rate.

If the demand of the Labor Advisory and Consultative Council (LACC) is approved, the minimum wage would be P89 per day.

In an 11-point resolution signed by LACC members representing some less than a million workers, organized labor said the P25 increase may be given in a staggered basis — P10, P10, P5 — provided it is within the year.

This is just a follow-up of the P10 initial increase they have demanded last year, they said.

Leto Villar, Kilusang Mayo Uno (KMU) acting chairman who is the LACC chairman

• Page 2

'Pusila, pusila...

It was Cas... Japanese

Japanese sound expert Matsuomo Suzuki testified this morning before the Sandiganbayan that based on his findings using spectrographic equipment,

SPECIAL REPORT

28T garme... are not re...

By RAYMOND...

Of the estimated 30,000 ... garments business selling ... foreign markets, only 1, ... Garments Textile and Export Boa...

The GTEB said about the s... and sub-contractors are unregister...

Majority of these garment ma...

Cory gives MNLF a 'second chance'

By ISAAC KLIATCHKO JR.

President Aquino today said the she is willing to resume peace talks with the the Moro National Liberation Front (MNLF), including all Muslim leaders in an effort to reach a reconciliatory solution to the Mindanao problem.

This developed after the MNLF said it is willing to sit down with the Aquino government and enter into another round of peace negotiations, particularly on the Muslim autonomy issue.

When asked if Mrs. Aquino

• Page 2

42% of RP firms are health hazards

By GLORIA ESGUERRA

Labor Secretary Franklin M. Drilon said yesterday that 42 percent of 381,822 non-agricultural establishments all over the country were found to have violated the health and safety standards.

Drilon confirmed the survey conducted by Dr. Francisco Jose of the University of the Philippines which showed that health hazards in establishments

Stop digging or Fort may collapse--Angara

By REY ARQUIZA

Ma raps hospital for keeping her baby

フィリピンで報道された新聞記事。事件に対する関心の深さがうかがえる

した。

そのなかで、事実解明に結びつきそうなものが新たに見つかった。拳銃の音と足音だ。

アキノ氏は階段の途中で襲撃された

フィリピン政府は、犯行に使われた拳銃は「357マグナム」と発表していた。しかし、はたして本当か？　ビデオテープのなかに収められている銃声と、357マグナムの銃声の声紋を照合する必要がある。

テレビ朝日の『TVスクープ』という番組のスタッフと協力して調べてみることにした。ご存知のとおり、日本では自由に銃を発射することはできないから、アメリカにいるテレビ朝日のスタッフに頼んで、ロサンゼルスの試射場でいろんな銃を実際に撃ってもらって、その音を録音してもらった。

その音を衛星回線を使って日本に送ってもらい、周波数分析装置で分析し声紋を作成することになった。

録音されていた音は、357マグナム、コルト45径、38口径スーパー、M16自動ライフルなどだ。

声紋分析を行なってみた。その結果、どうみてもビデオテープに入っていた銃声と、フィリピン政府発表の357マグナムの声紋が一致しない。かなり違う。

そして、驚くべきことに、コルト45口径とピタリと一致することが判明したのだ。コルト45口径の特徴は、引き金を引いてから撃鉄が火薬を叩くまで、一〇〇〇分の五秒間の「間」ができる。また残音現象も特徴的だ。

つまり、ビデオテープに収められていた銃声は、コルト45口径ということが判明したのだ。そして、この銃は、フィリピンの軍関係者が通常保持している銃でもある。

さらに、分析は、「足音」にもおよんだ。足音の分析から見えてくるのは、「いつの時点で」、「どの場所で」アキノ氏が射殺されたかということである。つまり、タラップから降りていく過程のなかで足音が聞こえてくるわけだが、その足音が何回聞こえた段階で銃声が聞こえたかで、射殺の時間、場所が見えてくるというわけだ。

フィリピン政府の発表では、「タラップを降りて数メートル歩いた段階で撃たれた」といっている。

私はさまざまな音のなかから、カタ、カタ、カタというアキノ氏の靴音を拾いあげた。その足音は、タラップの一段の階段を規則正しく〇・八秒で降りていた。階段は全部で一九段ある。一一段までは判別できたが、その後は判別不可能の状態だった。

しかし、一段を〇・八秒のペースで降りていったとすると、階段を降りきるには一五秒以上かかる。ところが銃声が聞こえたのは、階段を降りはじめてから一〇・六秒後だった。多少の誤差を含めたとしても、この計算でいけば、一三段めから一五段めで撃たれたことになる。

「タラップを降りて数メートル歩いたところで撃たれた」というのは、どう考えてもおかしい。

タラップの途中でアキノ氏は撃たれたのだ。

この分析にさらに信憑性を加えたのが、音声が「ステレオ」になっていたことである。兵士に連れられていくアキノ氏を追いかけるテレビ局のカメラがふたつあって、それぞれがボーディング・ブリッジからの出口付近で、外に向かってマイクを突き出していたのである。つまり、合計二本のマイクが出ていたことになる。

ただ、位置が違うふたつのマイクがあったからといって簡単に、撃たれた位置を割り出すことはできない。ふたつの録音レベルを補正したりするなど複雑な作業を積み重ねる必要があった。

ここでは紙面の都合上、詳細は割愛するが、コンピュータなども使って、撃たれた場所を解析した結果、やはりタラップの一三段めから一五段めあたりで撃たれたということがわかった。

またしても、フィリピン政府発表の事実とは大きく異なったのである。

フィリピンの証言台に立つ

さて、それからあとはフィリピンの国内問題となる。私としてはやれるだけのことはやったが、その真実に対して、どのような裁判結果が出てくるかはわからない。

マニラの公務員犯罪特別検察庁は、一九八五年一月に、ベール国軍参謀総長を含む軍人二五人、民間人ひとりを、アキノ氏本人とアキノ氏射殺の犯人として射殺されたロランド・ガルマン氏のふたりに対する殺人罪などで公務員犯罪特別裁判所に提訴した。

しかし、裁判は早いスピードで、全員無罪という、なんともやりきれない結果で終結した。アキノ氏射殺の犯人は当初の発表どおりロランド・ガルマンということになった。

しかしながら、この判決は当然、国民世論の大きな反発を生み、裁判所や検察に対して批判が噴出し、その結果、マルコス独裁政権への不信感を募らせる結果となった。それがあの記憶に生々しいマルコス政権打倒へとつながっていくのである。

マルコスがアメリカに亡命し、アキノ氏の妻、コラソン・アキノ夫人が大統領に就任すると、アキノ氏暗殺事件の再審開始請求が法律家などから起こされ、その結果、公務員犯罪特別裁判所の検事と裁判官の任命権をもつマルコス前大統領が、起訴前にあらかじめ判事を呼び出して、無罪の判決を下すように指示していたことが判明した。誰もが予想したこととはいえ、法治国家とはとてもいえない状況だったことが明らかになった。これを受けて、再審が開始されることになった。

さて、それで、一件落着。あとはフィリピンの司法の場ですべてが明らかにされていくだろうと思っていた。忙しい生活のなかで、私のなかからも事件のことが薄らいでいったころ、フィリピン大使館から電話がかかってきて、ラウル・ゴンザレスというフィリピンの検事総長が私の研究所にやってきた。

「フィリピンの裁判所で、証言をしてくれないだろうか」

というのだ。

またふたたび、この大事件へ関与することになるとは思いもよらなかったし、なによりも身に降りかかる危険を考えたとき、躊躇《ちゆうちよ》せざるをえなかった。マルコス政権は倒れたといっても、軍のなかにはいまだにマルコス派の軍人がいることは考えられたし、もし、警備にあたる警官のなかにそうした人物がいたらおしまいだ。そうしたことから、即答をさけた。

ところが、後日ふたたびゴンザレス氏からの依頼があった。

「アキノ大統領が身の安全を保証するといっているので、フィリピン国民のためにぜひマ

REPUBLIC OF THE PHILIPPINES

Office of the Tanodbayan (Ombudsman)

EXECUTIVE HOUSE, GROUND FLOOR □ TAFT AVENUE, MANILA ☎ 475122, 405581, 498521

Justice Raul M Gonzalez

TANODBAYAN (OMBUDSMAN) OF THE PHILIPPINES

February 25, 1988

DR. MATSUMI SUZIKI
President
Japan Acoustic Lab. & Music Inn
3595 Uenohara-Mchi, Yamanashi-Ken 409-01
JAPAN

Dear Dr. Suzuki:

Through our friend Mr. Wakamiya I reiterate my request to you to please come to Manila and testify in our court in connection with the case of the late Senator Aquino. You are very valuable as our witness and I am sure your testimony will help in the solution of the crime.

I assure you there will be no danger for you here. I am in position to give you all the security protection you need. If it will be necessary, I will return to Japan to accompany you when you come to Manila. I have discussed your apprehensions of President Aquino and she has also assured me that you will have adequate security when you are here.

Please don't worry about security. We are fully prepared to assure your dafety and that of your wife.

Please communicate with me about your decision and when you can come. Tell me, also if there is need for me to fetch you in Japan and accompany you to Manila.

Again thank you very much. In the interest of justice and truth, please come to Manila.

. Thank you very much. My Country and President Aquino will be very grateful to you.

Very truly yours,

RAUL M. GONZALEZ

"That those alone maybe servants of the law – who labor with learning, courage and devotion to preserve liberty and promote justice."

ラウル・ゴンザレス検事総長から送られてきた手紙。鈴木氏の鑑定結果に感謝を表し、フィリピンの裁判所での証言を求めているニラの法廷で証言してほしい」

これほど大きな仕事を断ることは私自身の誇りにかけてもできなかった。勇気を奮い起こして、証言台に立つことにした。

その後、マニラ国際空港に着いたとき、空港はビックリするほどの人でごったがえしていた。VIPルームでひと休みして出ていくと、まだ多くの人たちが手を振っている。まさか自分に対してだとは思わなかったので、

「今日は何かあるんですか」

とゴンザレス氏に聞いてしまった。

「あなたを見に来ているんですよ」

という。そのあまりの期待の大きさに、いまさらながら私は身の震えるような緊張感を覚えた。マニラ国際空港からホテルまでは車を六台連ねて行き、ホテルには五人の警官が二十四時間体制で警備をしてくれた。私の泊まったスイートルームがある七階は、ほかに客はなく完璧な貸切り状態だった。

証言は、二日間、朝から夕方まで集中的に行なわれた。法廷慣れしているはずの私も緊張の連続で、証言が終わったあとは、四キロも痩せてしまった。言葉の問題などがあったが、最初に日本語で話し、それから英語に直すという方法で証言をした。こうした重要な

証言では、ちょっとした言いまわしが後で大きな問題となることも多いので、そのあたりは非常に神経を使った。

二日間の証言を終えて、やっと過度の緊張から解き放たれたのは、日本に向かうフィリピン航空の機内だった。

一六名の軍人に無期懲役の判決が出たのは、一九九〇年九月二十六日である。長年、声紋に携わってきた者として、大きな誇りと安堵感に包まれた日であった。

事例②　甲府信金ＯＬ誘拐殺人事件

女性銀行員が死体で発見された

この事件を記憶されている方は大勢いると思う。一九九三年八月に山梨県で起きた誘拐殺人事件である。

事件の概略は、甲府信用金庫の女子職員が誘拐され、富士川で遺体となって発見された事件である。大まかな事件の流れを記すと、つぎのようなものである。

八月十日に事件は発生。甲府信用金庫本店に地元新聞社の月刊誌の記者を名乗る男から取材の依頼が入った。身近な職場で働く女性を写真で紹介するコーナーで、金融関係の仕事をする女性を特集したいというのだ。大里支店に勤める被害者Uさんを名指しした。本店の担当者はそれを了解し、支店に連絡するように伝えた。

大里支店の支店長はその取材依頼を承諾し、男は小瀬スポーツ公園でUさんを取材することになった。

午後七時半には、Uさんから父親に「記者が写真を撮りにくるのを待っている。まだ信金にいる」という電話が入っている。これが最後の連絡となる。

翌日の午前八時十五分には父親が大里支店に出向いて「娘が帰宅しない」と申し出た。ちょうどその五分後に、大里支店に犯人から電話が入る。身代金四五〇〇万円を要求する最初の電話であった。

「おたくの職員を預かっている。……覚醒剤を売りさばいているが、その代金が未収になっている。十一時までに四五〇〇万円を用意しておけ」

午後一時三十五分に、犯人から二度めの電話が入った。身代金受渡し場所と時間を指定する電話であった。夕方の四時十四分に、指定された喫茶店「珈琲待夢」に出向けとの犯人からの電話が入った。そこでさらに、電話が入り、受渡し場所の変更が申し渡された。

「登り坂石油というガソリンスタンドで待て」との指示。

容疑者が遺体を殺げ入れたと供述した付近を捜索する山梨県警のダイバー。容疑者は被害者の遺体を後方に見える笛吹川・豊積橋から投げ入れた

指定のガソリンスタンドで待っていると、午後四時五十九分にスタンド事務所に犯人からの電話が入る。今度は、五分以内に中央高速道路上り線の標識（一〇四キロポスト）のところで、現金を投げ捨てるように指示された。

ところが、山梨県警は捜査員の配置に手間取ってしまって、犯人の指定時間よりも五〇分も遅れてしまった。結局、犯人は指定場所には現われず、連絡も途絶えてしまった。

そして、悲しいことに、六日後の八月十七日に、静岡県富士宮市の富士川でUさんは遺体で発見されることになってしまった。この時点で、報道協定によって一般に知らされていなかったこの事件がいっせいに報道され、大きな注目を浴びることとなる。

犯人は山梨県人の可能性

以上が大まかな事件の流れである。

私が最初にこの事件に関して声紋分析を依頼されたのは、事件が公になった十七日、移動中の車のなかであった。文化放送から連絡が入り、これから警察が公開するであろう犯人の声を分析してもらいたいので、待機していてください、というのだ。

しかし、結局その日に公開されたのは、電話の内容を記した文書だけであった。声そのものは公開されなかった。公開された文書は、十一日の十五時五分に犯人から信金支店にかかってきたものであった。内容はつぎのとおりである。

犯人　「支店長おるかな」
支店長　「支店長ですけど」
犯人　「ああー、どういうこんや。できた?」
支店長　「場所がわからんですけど」
犯人　「『珈琲待夢』、新々平和。甲府バイパスのー。立体のー、ええ、ちょっと下ですが」

支店長「立体の」
犯人「南ですね」
支店長「場所が、地図を見たけど出てなくて」
犯人「じゃあ、お願いしますぅー。そこでちょっと待っててくださいな。お金は用意できました?」
支店長「いま、用意してますけど。あと一時間くらいでできます。なんとか」
犯人「ああ、ほうすっか」
支店長「内々でいま処理しているんで」
犯人「じゃあー、一時間後に『珈琲待夢』で」
支店長「一時間後にお金を持って行くちゅうこんですか」
犯人「そうです。いっしょに持って来てください」
支店長「うちの女の子はちゃんといるんですか」
犯人「え! 大丈夫ですよー」
支店長「電話出れないんですか」
犯人「あっ、いま出られないですね。現金確認後、一時間以内にはちゃんとお届けしますから」

支店長「Uさんの所持品か何かを出せんですか」
犯人「いっしょに持って(行)かせます、はい」
支店長「誰が来てくれるんですか」
犯人「はあーい、私が行きますから」
支店長「じゃあ、うちのほうで渡す金額ですけれども……」(切れる)

(読売新聞八月十八日より)

音声ではなかったから、細かいところまでは当然わからない。ただ、山梨の方言が非常に強く入っていることだけは直観できた。その当時の私の自宅と研究所は山梨県北都留郡上野原にあったのだ。当然、地元の言葉のアクセントや方言は判別できる。もっと厳密にいえば、山梨のなかでも、この言葉は、甲府市を中心とした笹子山系の西側(国中《くになか》という)の地域の人の言葉だということがわかった。

結局、この日の文化放送の取材に対しては、簡単なコメントで終わった。

犯人の電話の声に全国が注目

二日後の十九日には、約二〇社の報道機関からの分析依頼があって、終日、家で犯人の声が公表されるのを待っていたが、この日も結局何も公表されなかった。そのあいだにも、マスコミ各社はさまざまな犯人像を描いていた。関西出身ではないか、暴力団関係者ではないかなど、さまざまな憶測が乱れ飛んでいた。

そして、翌日の二十日になって、ようやく本当に録音テープが公開されることになった。さらにまた多くのマスコミ各社が私の研究所に押しかけてきたことはいうまでもない。普段は静かな町に報道関係者の車が、五〇台以上も行列をつくり、テレビ局の仰々しい中継車が何台も並んでいる。研究所のなかには、延べ約五〇人もの人が押しかけて、いまかいまかと発表を待っている。興奮と緊張で、それは異様な光景だった。

結局、録音テープが報道各社に公開されたのは、午後の五時すぎだった。マスコミ各社は「夜のニュース番組に間に合わせたい」「翌日の朝刊に間に合わせたい」と仕事の都合とはいえ、無茶な要求をしてくる。七時のニュース番組に間に合わせるためには、私は二時間で分析鑑定しなければならないことになる。声の分析は、忍耐強い手間ひまが必要な作業である。ひとつの言葉や音を分析するためには、一週間近くかかることだってあるのだ。そう簡単にはいかない。

しかし、皆が待っている以上、頑張ってやるしかない。甲府警察から私の研究所まで車で運んでいては、とても間に合わない。それで結局、まずはテレビ放送で犯人の声を流して、それを録音して分析しようということになった。放送するテレビ局は地元のテレビ山梨。「これから放送するので、録音してください」とテレビ山梨のスタッフから連絡が入った。急いでテレビの音声端子にラインを接続し、テープレコーダーにつなげた。録音したテープを持って、私は研究室に駆けこんだ。短い時間ではあったが、集中的に懸命に分析を行なった。

犯人の声の特徴が見えてきた

その分析から見えてきたことは、つぎのようなことだった。

まずひとつは、脅迫電話の主について。これは後日わかったことだが、九回かかってきたといわれた脅迫電話のうち、録音に成功したのは三回め、六回め、七回めの三回だけだった。そのうち、三回めの「ヨコヤマ」と名乗った電話は、この事件と無関係であることがわかった。つまり、六回めと七回めの二回しか犯人の脅迫電話は録音できなかったことになる。

さて、この六回めと七回めの二回の脅迫電話は、分析の結果、同一人物であるということが判明した。同一人物であるかどうかぐらいは人間の耳でも確認できるだろうと思われるが、それを「証明」するのはたいへんなことなのだ。声紋分析でも違う声だと証明することは比較的簡単でも、おなじだと証明するのは難しい。おなじであるということを証明

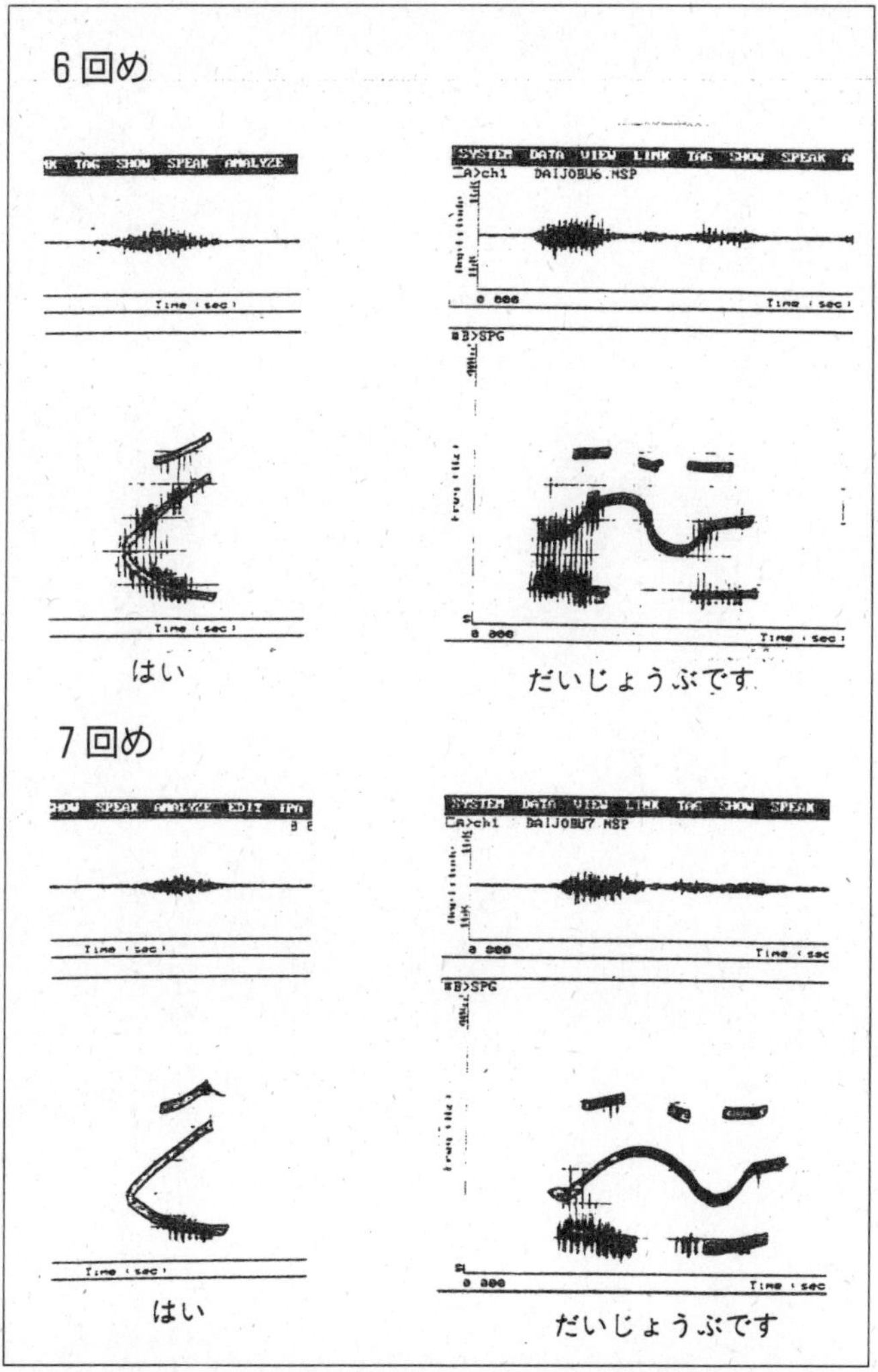

犯人からかかってきた脅迫電話の声紋分析。6回めと7回めの脅迫電話で録音された「はい」と「だいじょうぶです」を比較している

するには、音声を周波数分析装置にかけて、声紋をつくり、その特徴がだいたい一七〜一八ヵ所一致することが必要となる。しかも結果発表は、「同一の人物であると思われる」という断定を避けた言いまわしをすることになる。それほど、注意を払う必要があるのだ。

つぎに、やはり文書で判断したときとおなじように、その微妙な訛りぐあいから判断して甲州弁を話す男であるということがわかった。紙面の都合で詳細は省くが、アクセント、言いまわし、訛りなどを細かく分析していくと、その判断に行き着くことになる。

さらに、つぎのようなことも判明した。

(1) ラリルレロのRの呂律がまわらない。

たとえば、「立体のー」という言葉が、Rの音がはっきりしないので、「いったい」となってしまっている。

(2) 語尾を伸ばす癖がある。

「甲府バイパースー」「立体のー」「じゃあ、お願いしますうー」「じゃあー、一時間後にー」「現金ー、確認後」と五ヵ所にその特徴が認められる。

(3) Hの発音が弱い。

「はい」「もうひとつ」という言葉のなかのHの発音が弱い。つまり、聞き違えると「あい」「もういとつ」というふうに聞き違えることがありうる。そのような発音だったため、捜査本部が発表した文書の「南ですね」となっていたフレーズは、実は間違いで、正しくは「左ですね」という言葉だということが判明した。

声から身長、年齢、職業なども見えてくる

細かいところはほかにもいくつかあったが、こうした言葉そのものの特徴のほかにも、いくつかのことが見えてきた。

(1) 犯人の身長は一七〇センチ前後

声の基本周波数と身長は反比例の関係にある。身長が高いと周波数は低くなり、身長が低いと周波数は高くなる。平均周波数が九七ヘルツだと身長は一七八～一八〇センチ前後というふうになる。これは、私が収集した一五万人のサンプルを分析してはじき出したデータから割り出したものである。これから判断すると、犯人の声帯の平均振動数は一三〇ヘルツだから、身長は一七〇センチ前後と推定できる。逮捕後、明らかになった身長は、一七二、三センチだった。ほぼ間違いない結果であった。

(2) 年齢は四十歳から五十歳半ばか？

声からだいたいの年齢を割り出すことができる。声帯も筋肉であるから、老化現象が見られる（口やのども同様）。これらは老化するにつれて、発声器官の形をおなじ状態に長い

あいだ保っていられなくなるという特徴が生じてくる。また口の構えも一定に保てない。それによって、音声の波形は、声帯が一回振動してつぎにおなじように振動するとき、変化してしまうのだ。安定した発声をすることができないということである。

さて、この犯人の声から判断して私は、四十歳～五十歳半ばではないかと推定した。しかし逮捕してみると、年齢は三十八歳であった。二歳ほど年上に見てしまったことになる。完璧な判断ばかりではないということを、正直にいっておこうと思う。

(3) 犯人の職業は接客業？

電話のやりとりを聞いて感じたことは、非常に対応が敏速であるということだった。相手の反応をすばやく読み取り、まず恫喝《どうかつ》して相手を怯ませ、相手が怯んだところでつぎは優しく接するという、その硬軟の使い分けのうまさが目立っていた。

だいたい、恐喝犯はこういう硬軟の使い分けがうまいのが共通しているが、この男の場合は対応の敏速さがさらに加わっていた。さらに、会話のそこかしこから方言にどっぷりとつかった生活をしていることが推測される。仕事で標準語を話す場合と仕事でも方言を使う人とでは、普段の使う方言の頻度は違ってくる。

方言を使うということは、ある意味では親しみが増して、相手に安心感を与える心理効果もあるから、そうしたことから考えると、職業もおのずと範囲が限定できてくる。

また、脅迫電話のなかで「お札の帯封はみんな無地のやつで」という話をしているが、この話の内容から推察するに、商売で一〇〇万円以上のお金を動かすことに慣れていて、なおかつ裏金を扱うことの多い業種と考えられる。

帯封に○○銀行と印刷されているものと、そうでないものがあるというのは、ある程度大きなお金を扱っている人でないと知らないことだし、無地の帯封は裏金に使われることが多いからだ。

こうしたことから判断すると、犯人の職業は、ある程度の大金を扱う接客的な商売で、しかも方言で仕事をする職業、ということになる。

結局、逮捕後判明した職業は、一台が一〇〇〇万円にもなることがあるトラックのセールスマンだった。我ながら、自分の推察に驚いたものだ。

電話をかけてきた場所とは？

電話の声というのは当然のことながら、電話機を通じて聞こえてくる。このことから、犯人がどの場所からかけてきたのかを、探っていくことは可能だ。

まず、市内回線か市外回線かという問題がある。これについては分析の結果、市内からの電話だったと判明した。

音声を電気信号に換えて送るのが電話だが、当時は市外回線の場合、電話局のマイクロ波回線を通る過程で、ある電気的なフィルターを通過する。そうすると、約三〇〇ヘルツ以下の周波数の音声はそのフィルターでカットされてしまう。ところが、今回の電話を調べると、六回めの電話は一〇七ヘルツから、七回めの電話は一六五ヘルツから上の周波数が入っていた。

つまり、これは、フィルターを通らない市内電話の声だということになる。

さて、ここで疑問となるのは、六回めと七回めでは、おなじ市内であるのにどうしてこれだけの違いが出てくるかということだ。調査の結果、市内の一部地域ではクロスバー交換機という古い交換機を使っていて、それ以外は新しいデジタル交換機を使っていることが判明した。古い交換機だと、一六〇ヘルツ以上から周波数が入り、新しいデジタル交換機は一〇七ヘルツぐらいから入る。まさに、犯人の六回めと七回めの周波数の違いはここにあることがハッキリとわかった。

これで、六回めの電話は市内のデジタル交換機のエリアから、七回めの電話は市内のクロスバー交換機のエリアからかけたということが判明したのである。

では、もっと具体的にいうと、どこになるのか。

指定してきた身代金の受渡し場所や犯人の行動範囲などを考慮に入れながら場所を絞り

こんでいくと、境川パーキングエリア内が浮上してきた。ここは高速道路の外からも自由に出入りでき、最後に現金を投げ捨てるように指示した中央高速道路上り線の標識（一〇四キロポスト）地点までも歩いて三〇秒という近さ。しかも、その標識がある地点の下には県道が走っていて、高速道路には上りと下りの両方のパーキングエリアが近くにあるから、逃げ道が多い。受渡しの場所としては最高の場所ということができる。

さらにまた、境川パーキングエリア内にあるいくつかの電話機のノイズを調べると、犯人がかけてきたノイズと非常によく似た電話機があった。たぶん、その電話機からかけたのではないかと推測した。こうした分析結果から、私は、

「犯人の行動範囲は狭い。しかも半径数キロのなかに重要な場所が含まれているので、事件は早期に解決すると思います」

と、出演したテレビ番組のなかでコメントしたものだ。

こうしたさまざまな分析結果に対して、捜査本部からも「その結果をぜひ教えてほしい」との要請があった。私も以前、科学警察研究所に身を置いていた者として、警察のそうした要望には極力協力することにしているから、それらの情報を快く提供した。

捜査の細かい行方は、捜査官でないためわからないが、犯人逮捕は、私の推測どおりの早さで実現した。遺体が発見された八月十七日から七日後の八月二十四日の午後であった。

監修者・取材協力者プロフィール

第1章【体毛】　須藤武雄（すどう　たけお）
1917年群馬県生まれ。1947年に内務省に入り，科学捜査研究所法医研究室にて毛髪科学の研究に従事，毛髪の検査診断法を確立し，数々の大事件の解決に貢献する。1978年科学捜査研究所法医第一研究室長を経て退官。1974年警察功労賞，1993年に世界平和大賞を受賞。1995年勲四等瑞寶章受賞。現在日本毛髪医科学研究所特別研究員，日本毛髪美容学会理事，日本毛髪科学協会顧問。理学博士。

第2章【歯】　鈴木和男（すずき　かずお）
1927年埼玉県生まれ。東大教授上野正吉博士のもとで法医学の研究に励み，歯から血液物質を抽出する研究で医学博士の学位を受ける。1970年東京歯科大学教授となる。国際法科学会より，ワード・スミス国際法科学賞，警察庁長官より警察協力章を受章。元東京歯科大学名誉教授，元警視庁刑事部顧問。

第3章【指紋】　竹山永司（たけやま　えいじ）
1927年神奈川県生まれ。横須賀市警察本部勤務を経て，1954年神奈川県警察本部刑事部鑑識課指紋係に勤務し，一貫して現場指掌紋の検出・採取・対照・鑑定業務に従事する。その後鑑識課技幹（指紋担当）などを経て，刑事部参事として警察本部を勇退するまで，数々の事件に携わる。1987年警察功績章受章。元日本鑑識学会会長。

第4章【足跡】　松本忠雄（まつもと　ただお）
1930年神奈川県生まれ。1951年神奈川県警察本部刑事部鑑識課に勤務し，38年間，指紋・写真を経て，足跡をはじめとする様々な痕跡の検出・採取・対照・鑑定業務に従事する。その後，刑事部参事として，1990年に勇退するまで，その多岐にわたる鑑識の知識で，事件解決に貢献している。1979年科学技術庁長官賞受賞。1990年警察功績章受章。

第5章【筆跡】　清水達造（しみず　たつぞう）
1930年京都府生まれ。1952年国警和歌山県本部（鑑識課）技官拝命後，大阪府警本部科学捜査研究所を経て，近畿管区警察局保安部鑑定官へ出向。近畿・中部・中国・四国地方の各府県警科学捜査研究所にて，鑑定全般の指導・補完をする。その後，清水法科学コンサルタント事務所を開設。その鑑定件数は5000件以上にものぼる。

第6章【ポリグラフ】大西一雄（おおにし　かずお）
1922年大阪府生まれ。1950年大阪市警視庁警察技手として勤務し，1959年に科学警察研究所にてポリグラフ検査技術の研修を受ける。その後大阪府警察本部科学捜査研究所総括研究員を経て，1979年退職。その後，大西ポリグラフ検査所を開設し，様々な方面で活躍している。元大西ポリグラフ検査所代表。

第7章【血液】　池本卯典（いけもと　しげのり）
1930年鳥取県生まれ。1954年科学警察研究所の技官を経て，自治医科大学法医学・人類遺伝学教授に。血液型の分子遺伝学と個人識別が専門。現在まで多数の犯罪事件の血液型鑑定に従事し，多大な貢献をしている。また，犯罪関係だけでなく，親子鑑定も行なってきた。現在，自治医科大学名誉教授，医学博士，法学博士。

第8章【死体】　芹沢常行（せりざわ　つねゆき）
1915年静岡県生まれ。警視庁鑑識課現場鑑識係長を経て，1960年検視官に。その後調布警察署長，鑑識課長，検視官室長などを経て退職するまで，一貫して検視業務に従事する。

検視官生活において，臨場した変死体は3000体にもおよぶ。退職後も，警察大学校常任講師，関東管区警察学校嘱託講師（検死）として活躍。

第９章【声紋】　　鈴木松美（すずき　まつみ）

1941年東京都生まれ。1964年警察庁科学警察研究所技官を経て1967年に科学技術庁技官に。その後1969年のＦＢＩ科学捜査研究所への留学などを経て，1970年日本音響研究所を設立する。1969年警察庁長官賞，内各総理大臣賞受賞。現在までに多数の事件に携わり，その解決に貢献している。現在日本音響研究所長。

◆写真協力
・毎日新聞社情報サービスセンター・須藤武雄・鈴木和男
・松本忠雄・大西一雄・鈴木松美

[著者紹介]
須藤武雄（すどう・たけお）

1917年群馬県生まれ。1947年に内務省に入り、科学捜査研究所法医研究室にて毛髪科学の研究に従事、毛髪の検査診断法を確立し、数々の大事件の解決に貢献する。1978年科学捜査研究所第一研究室長を経て退官。1974年警察功労賞、1993年に世界平和大賞を受賞。1995年勲四等瑞寶章受賞。現在日本毛髪医科学研究所特別研究員、日本毛髪美容学会理事、日本毛髪科学協会顧問。理学博士。

「鑑識《かんしき》の神様《かみさま》」9人《にん》の事件《じけん》ファイル

2006年 4月25日 初版発行
2010年 9月30日 3版発行

[監修者] 須藤武雄

[発行所] 株式会社 二見書房
東京都千代田区三崎町 2-18-11
電話 03(3515)2311[営業]
03(3515)2313[編集]
振替 00170-4-2639

[編集] 株式会社 企画者104
[印刷／製本] 株式会社 堀内印刷所

落丁・乱丁本はお取り替えいたします。
定価は、カバーに表示してあります。
Printed in Japan.
ISBN978-4-576-06060-6
http://www.futami.co.jp

※本書は1998年1月に二見文庫として刊行された書籍の改装改訂新版です。